捐赠财产使用与监管机制研究

杨守金　夏家春　著

科　学　出　版　社

北　京

内 容 简 介

慈善事业的发展体现了社会的文明与进步。本书《捐赠财产使用与监管机制研究》体现了治理的新路径，对于慈善问题，人们理所当然地将注意力放在了资金的筹集上。但是，对于资金如何使用和监管的问题，却很少关注。善良的人们一般都会认为，善款应该会被用到最需要的地方，最需要救助的人也一定会得到无私的救助。所以，对于捐赠财产如何使用以及对其监管问题的研究并不多见。本书建议完善捐赠财产使用与监管机制，只有监管到位，慈善捐赠财产才能够得以更好地使用。

本书适合致力于慈善事业研究以及爱好慈善公益事业的人员参考阅读。

图书在版编目（CIP）数据

捐赠财产使用与监管机制研究 / 杨守金，夏家春著.—北京：科学出版社，2024.7

ISBN 978-7-03-070931-8

Ⅰ．①捐… Ⅱ．①杨… ②夏… Ⅲ．①慈善事业–监管机制–研究–中国 Ⅳ．①D632.1

中国版本图书馆 CIP 数据核字（2021）第 261855 号

责任编辑：王丹妮 / 责任校对：张亚丹
责任印制：张 伟 / 封面设计：有道文化

科 学 出 版 社 出版
北京东黄城根北街 16 号
邮政编码：100717
http://www.sciencep.com

北京华宇信诺印刷有限公司印刷
科学出版社发行 各地新华书店经销

*

2024 年 7 月第 一 版 开本：720×1000 B5
2024 年 7 月第一次印刷 印张：7 3/4
字数：154 000

定价：86.00 元

（如有印装质量问题，我社负责调换）

前　　言

弱势群体、贫穷的土地、教育的匮乏、环境的污染，这些都需要帮助或者需要治理，做这些事业往往需要大量资金。所以，以往公众理所当然地将注意力过多地放在了资金的筹集上。例如，大众和传媒都关注有谁捐款了，关注哪些明星捐钱了，尤其是某个明星在国家出现大灾大难的时候捐了多少等一系列话题。但是，对于资金如何使用和监管问题，却很少关注。善良的人们一般都会认为，善款应该会被用到最需要的地方，最需要救助的人也一定会得到无私的救助。所以，对于捐赠财产如何使用以及对其监管问题的研究并不多见，即使是少数专家给予关注，也只是只言片语，流于表面形式，没有深入地分析和解决这一系列关键问题。进而，忽视了捐赠财产监管机制的建立和完善。从一般意义上讲，对于捐赠财产如何使用以及对其监管问题的研究没有引起更多学者的重视。

关于捐赠财产使用与监管机制研究这一领域的研究成果，还没有专门论著，只有少量期刊论文顺带涉及捐赠资金监管问题。涉及捐赠财产使用与监管机制研究方面的内容，相对比较薄弱，还没有形成完善的、系统的理论体系和应用创新机制。所以，本书认为需要认真加强这一领域的专项研究，并期望以此能够促进慈善公益事业更好地发展。

近年来，由中国社会科学院杨团主编的"慈善蓝皮书"系列为慈善事业研究的代表性著作，至本书完稿之时，"慈善蓝皮书"已经出版了 13 部之多，该系列图书论述广泛，所涉猎的内容涵盖慈善事业发展的方方面面。尽管如此，我们还是认为，慈善捐赠基金的使用和监督管理体系研究尚有进一步完善的必要，我们仅想为慈善事业监管的发展尽一份绵薄之力而已，就当是为慈善事业研究做一小块儿铺路石。

任何管理本质上都服务于监管对象。监管的目标就是使监管与保障、帮扶相结合。由此，建立监管机制的最终目标应该做到：活而不乱，严而不死。

建立社会组织和公众对于慈善组织的问责机制、慈善组织对于社会和公众的交代机制。慈善组织的资金无论最初来源如何，经过一段时间之后，都会转化成社会的捐赠财产，原因在于我国对慈善事业的减免税优惠。对于捐赠财产的使用当然不能随意，建立对慈善组织问责制、对社会的交代机制是对国家和社会的负责。公众有权知道慈善组织是否提供了与其使命相关的社会服务，这也是纳税人应该了解的情况。

源自慈善组织内部的自我监察机制及其现实可行性。慈善组织可以而且完全能够从内部加强对捐赠财产使用的监管。最好的、最有效果的捐赠财产监管应该来自慈善组织内部，堡垒容易从内部突破，说的就是这个道理。

源自慈善组织内部设立的资金使用评估机制。这个机制的建立需要慈善组织内部协调解决，慈善组织要有探索实施这一资金使用评估机制的勇气和决心。

另外，还需要健全政府主管部门对于慈善组织资金使用的外部评估机制。

这些监管机制主体工作机制的不断完善，有助于我国社会捐赠财产使用与监管的落实。目前，我国对于捐赠财产的使用尽管有一定程度的监管，但是，其运作机制不太完善。事实上，对全国的慈善组织捐赠财产进行监管，单靠审计署是不可能完全实现的，只有依靠日常的捐赠财产监管体系发挥作用，才能实现对慈善组织捐赠财产进行监管的现实需要。本书研究提出的独立的捐赠财产使用与监管体系，试图解决这一问题。对于慈善事业发展来讲，捐赠财产使用与监管工作做得如何，决定了慈善组织发展的前景和未来。

本书的研究能够给以政府为主体的多种形式监管工作提供实用性、可操作性支持。捐赠财产监管需要多方努力才能完成，仅依靠政府独立的捐赠财产监管机制不容易把捐赠财产使用和监管工作做好。本书提出政府独立捐赠财产监管之外，需要行业协会自律、慈善组织自律、舆论与社会监督共同发挥作用。各方齐抓共管，才是慈善组织捐赠财产使用与监管工作的最佳路径。

完善的慈善捐赠财产监管机制，能够促进我国慈善事业健康发展。社会慈善事业的发展在市场经济条件下居于不可替代的重要地位，也体现了社会的文明与进步。本书设计的捐赠财产使用与监管机制体现了治理的新路径，在治理模式上，将有利于我国慈善事业健康发展，也有利于加快和谐社会的建设步伐。

研究成果使应该得到帮助的受赠者获取最大收益。捐赠财产使用与监管机制解决的最大问题，就是厘清慈善事业组织在捐赠财产使用上的问题。由于监管到位，慈善捐赠财产得以更好地使用，弱势群体才最有希望得到捐赠财产眷顾。所以，捐赠财产监管机制健全之后，弱势群体能得到最好的结果。

研究成果可以使捐赠者实现理想的捐赠愿望。在捐赠财产使用与监管机制不健全的情况下，捐赠者有可能把爱心捐给了骗子，这是捐赠者不愿看到的结果。所以，捐赠财产最终捐给了谁，是每个捐赠者最为关心的问题。慈善事业是爱心的体现，但是并不是所有的爱心都能够实现。这也是目前我国流行"一对一"慈善帮扶行动的原因。捐赠财产使用与监管机制健全之后，社会各界对此的担心基本上就可以消除了。

　　研究成果使慈善组织在捐赠资金运作上有规矩可遵循。慈善组织依法依规运作捐赠财产，有利于提升其社会影响力，使捐赠财产更多地流向讲信誉的慈善组织。相反，信誉差的慈善组织最终将会被淘汰出局。

　　研究成果使互联网公开募捐信息平台优质化发展。互联网时代，公开募捐信息平台只有搞好自身建设向优质化发展，才有可能保持平台的地位，才能极大提高平台社会声誉，进而使平台获得更大的发展空间。

目　　录

第1章 捐赠财产使用与监管的理论分析

捐赠财产使用与监管机制建立，需要依靠理论先导才能够进行，明确监管理论是监管机制建立的必要前提条件。捐赠财产使用与监管涉及的主体具有多元性特征，其覆盖面较广，影响面较大。我国的捐赠财产使用与监管机制在现实的发展中，存在需要解决的问题，面临诸多挑战，同样需要慈善监管理论的指导。捐赠财产使用与监管理论来源于监管的基本原理，所以，有必要研究中外监管思想的发展历程，对其梳理并完善为捐赠财产使用与监管所用。

1.1 监管及其发展

有人活动的领域就应该有监管，就需要有规章制度的存在。人的行为或者办事方式的规范不是一成不变的，随着社会实践的发展，人们对事物发展规律的认识不断深化。原始意义的监管是指政府依据现有法律、法规对市场经济行为主体实施限制和引导的行为。人们对监管的理解不断深入，监管理论及其应用领域不断发展。监管的主体、方法和模式正在逐步向多样化演进，坚持监管规制的多元化取向成为历史发展的趋势。政府、市场主体、社会乃至公众舆论都已发展成为市场监管规制的主体，税收、第三方评估、信息透露公开化、各种激励措施等都已经成为有效的监管措施。

1.1.1 监管的定义

监管，最初的语言学释义是"监视管理"，引申为关于监管的一系列规章及制度。按照英语语言学的释义亦称为规制，原意是政府或机构对人的行为或是对办事方式制定的规则或制度。在明确其基本语言学定义之后，事情并没有简单地结束。"监管"一词的外延在后来的应用中发生了极大的变化，监管被广泛地运用到法学、政治学、经济学、行政学，以至于几乎涵盖了整个社会科学领域，演变成了现代社会科学领域使用最广泛的概念之一。

监管的原始内涵是政府依据现有法律、法规对市场经济行为主体实施限制和引导的行为，其行为本质是为了矫治自由市场经济引发的市场失灵，充分发挥政府对经济、社会的全面调节职能。政府机构对市场重点监管的目标和主要任务是化解公共产品、信息不对称、外部性缺失等市场失灵因素以及由这些因素导致的各种伤害到经济发展、社会进步目标的后果，从而全面保障公共健康、生活环境、公民财产、人身安全等社会福祉。再后来，监管逐步演变成一个具有极度放射性的理念。马英娟（2018）认为："由于定义者所站的立场不同、所秉持思想和理念信仰各自差异、所生活的国家具体国情差异化以及所处社会制度的逐渐发展、变更和演进，在不同维度上又各自持有不同的主张，从而呈现出交叉重叠、错综复杂的现象。"

中国现代语境发展中的"监管"的含义，既要有别于我国曾经的计划经济发展时期所实行的行政监管的概念，呈现出具有现代化特色的监管本质特征及其深厚内容，又要明确关注中国的特殊国情。管理与权力一定要挂钩，但是管理与职责之间并不一定紧密联系，在法律以及规章制度不健全的领域里，出现管理与职责之间分裂的情形有其必然性。

对于目前中国的社会治理方式而言，大多数的监管方式仍需要以政府监管为中心，涉及中观、微观方面的经济活动及产生的其他社会、经济、法律等方面的问题，既需要逐步完善以政府行政监管为核心的行政命令监管方式、操控型监管方式为主要手段的治理模式，又要注重借助柔性方法，引导、实施政府与其他社会组织共同合作和经济激励手段的综合治理模式。

所以，监管的主体、方法和模式要逐步向多样化演进，要坚持监管规制的多元化取向。政府的监管、市场主体的监管、社会的监管乃至公众舆论都应当成为市场监管规制的主体，税收、第三方评估、信息透露公开化、各种激励措施等都可以成为有效的监管方法。

1.1.2　监管的发展

1. 欧美国家对监管的理解

以欧美为代表的西方学者，先后提出过"新监管型国家""监管型社会""后监管型国家""监管多元主义"等诸多不同的观点和主张。

这些观点和主张尽管侧重有所不同，但是无一例外地赞同监管主体多元化观点。作为监管的主体，不仅包含政府机构，而且应该包括各种非政府机构和其他组织。西方学者主张监管主体多元化的根本原因在于政府机构与非政府机构及其他组织的相互作用。

国外学者 Black（2002）的《对监管的批判性思考》一文中主张去中心化的监管思想，将多元化监管主体总结归纳为"地区的、国家的或超国家的政府机构、非政府机构或组织、经济力量和社会力量等"。她的观点强调"监管权不再集中于政府，而是分散在社会中，政府不再处于排他性的地位，甚至不处于优势地位，非政府组织所属领域的行业协会、公司、个人、审计等专业机构、技术机构等，发挥着越来越重要的作用。"

按照 Drahos（2017）的观点："监管至少具有三个面向：第一面向，政府监管；第二面向，自我监管；第三面向，商业或非商业的第三方监管。这三个面向不是相互替代的关系，而是互相补充、相互支撑的关系。"

基于上述观点，将监管范围依据从宽到窄的顺序，可以总结出多元监管主体大致分为四种形式：政府或非政府组织结合；政府系统综合监管（内含行政机关、法院、立法机关和国际组织）；政府行政主管部门；政府之外独立的监管机构。

西方国家对监管重要性的认识有一个渐进的发展过程，以英国、美国、德国、日本等国家为典型代表，其各项相关法律法规有很多不同的变化。梳理其监管理念，探索其各自的监管治理特点，对于解决中国慈善捐赠财产监管机制当前面临的难题有一定的意义。

欧美国家所谓的新经济秩序的核心是"新型监管"。现代欧美国家人民的生活水平，尽管相对于过去有了较大幅度的提高，但是受到的监管也更多了，日常生活中政府的监管无所不在。首先，以居住的别墅或者公寓为例，从建筑规划开始就受到法律的监管和规定，选址要服从监管，用材料也要受监管，消防设施的监管更为严格；其次，人们所食用的食品和药品，在生产过程中就有严格的技术控制标准，而且食品和药品的销售渠道也要达到各种标准和要求等。对于这些监管行为，人们心目中是赞成还是反对呢？人们会认为自己的生活水平与政府监管呈正比例关系吗？监管会影响他们的行为选择吗？监管是否有效率呢？

2. 政府监管理论成立的前提

西方学者所建立的监管理论，建立在两个假设的前提下。第一点假设，政府是仁慈的化身，人民利益的代言人，并且政府有能力、有水平通过监管来纠正市场失灵；第二点假设，现实经济生活中存在垄断组织或外部性等问题，不受约束的市场经济主体会导致市场失灵，再加上 20 世纪二三十年代出现的资本主义经济大萧条，自由资本主义学说被彻底颠覆，这也是凯恩斯经济学盛行的理论基础。按照凯恩斯主义的理论，政府应该能够控制价格水平的高低；政府有权力限制自然垄断地位的厂商高收费行为；政府应该强行实施安全标准；政府应该有能力去监管市场等。

1.2　有关监管的公共强制理论及其实践

任何社会科学理论都有其假设前提和实施验证过程，公共强制理论同样面临着相同的考验。社会科学的独特性决定了其假设前提有可能过于理想化，在现实社会中存在不可能实施的情况。社会科学理论认为制度安排是一种选择的结果。

1.2.1　公共强制理论

公共强制理论成立的基本假设是：西方国家政府干预经济生活所采用的社会管控方案和实施的具体措施远非完美无缺的设计，所谓最优的设计就是需要在各种不完美的、不健全的备选方案和政策之间做出恰当抉择，从而建立相对完善的监管制度。公共强制理论认为，任何一种制度安排，本质上来说，都是一种权衡选择的结果，也就是说，在制度所涉及的社会机会成本之间比较权衡：在无序和专制之间选择一个恰当的临界点，以便达成比较完满的结局。在这里，无序的一端指的是私人对他人利益伤害的能力，这种能力的范围极其广泛，如盗窃、敲诈、欺骗、伤害以及其他额外成本等。专制的一端指的是官员和政府对私人利益的损害能力。这种能力的范围也是广泛的，比如，私人诉讼与公有制，私人秩序与监管都是以无序和专制的两极而呈现出相互对立的关系。一方权力的上升，导致另一方权力的下降。而西方社会选择的是尽可能减少专制的权力，尽可能地扩大私人的权力，这是他们所谓的权衡选择、满意答案。在詹科夫等的心目中，他们的研究成果就有一种制度方案：制度可能性边界。

以欧美国家为代表的传统行政管理体系，命令加调控手段占据主导地位，又辅之以准入限制手段，就是以行政许可为监管的最后手段。欧美国家社会监管机制改革的推进使其逐步采取了监管替代理论，即替换原有方式、方法，改用新型的监管手段。从监管理论角度讲，监管替代手段可概括为反垄断法约束下的自由市场、信息公开、税收、可交易产权的创制、责任法案的变革、协商谈判与国有化 7 种。实践中，监管替代手段包括替代性监管措施和监管的替代措施两大类。前者有绩效监管、过程监管、执行创新、联合监管和自我监管等政府自我改革举措；后者指产权交易、信息公开、反垄断法、税收、保险与保证金、科普教育以及国有化等市场机制和社会治理手段。胡颖廉（2016）指出："监管替代理论强调法律、行政、经济、道德等手段综合使用，以此实现对公共事务和社会领域诸多问题的良好治理。"

1.2.2　公共强制理论的监管实践

西方国家在监管实践过程中，监管机构任职的行政长官任职期限不同于总统或内阁，之所以做这样的制度性安排，就是为了使党派政治与监管政策保持相对独立，使监督管理机构能够高效率地开展工作，因此，监管机构被法律赋予了三项权力。正如马英娟（2018）所指出的："西方监管实践，一是监管规章的委任立法权；二是维护市场秩序的行政监管权；三是享有准司法权，即对违法行为有权提起刑事诉讼、有权处理民事纠纷和行政纠纷。"这样一来，独立监管机构享有立法、行政和司法三类大权，使权力制衡的传统政治结构发生了改变。伴随着西方现代行政国家模式的兴起，独立监管机构的运作方式逐步演化成政府监管新的基本模式。然而，有一利，必有一弊。权力集中必然会导致政府机构过度膨胀、臃肿不堪以及监管过度，约束监管权力的机制被严重削弱，造成监管政策的失灵。

在监管政策失灵这一背景下，适度监管和有限政府的目标就成为西方国家完成现代化监管型国家构建的主要任务，必须运用宪法、行政法管控政府。在长期实践中，设计并构建相对完善的法治政府框架，构建出相对完善的政府监管体系，该体系模式的核心内容就是授权与控权相统一的有限政府。对此法律明文规定，有限政府的监管机构若想行使权力，必须受到约束，这些约束因素包括政治控制、司法检察和公民权利保护。政府的监管权力约束框架实行三位一体模式，即总统和国会以立法监督的形式对政府权力实施政治控制；最高法院行使司法审查权力，审查监管机构抽象行政行为和具体行政行为；通过隐私权法、信息公开法等法律，保护公民权利。这样一种立体框架基本上可以实现对监管机构的相对制约。

监管的发展史告诉我们一个道理，监管良性运作的前提是独立监管部门的建立。政府监管机制的建立涉及面相当广泛，牵扯到监管主体的确立、监管对象的明确、监管方式的多样化、监管程序的科学性等多方面的复杂问题。造成政府监管不力的结果，也非单一原因，而是一系列问题的综合结果，即所谓的"一果多因"。但是毫无疑问，监管主体的建设是一大核心问题，必须引起我们的高度重视。可以十分肯定地说，监管的许多环节，甚至是最重要的环节，仍然需要各个国家根据特定的国情进行设置，不能说欧美国家设置什么监管机构，使用什么监管手段，我们就照搬照抄，世界上本就不存在什么理想化的绝对完美的监管。

欧美国家的监管发展史对我国建立监管机制的启示意义在于：政府监督是一种正式的、权威的官方监督；社会舆论、媒体和公民个人的监督是一种非正式的监督；第三方监督是一种专业的、独立的监督。

1.3 捐赠财产使用与监管

综合监管的定义，慈善公益事业监管是监管主体依法对慈善组织建立并完善的一系列内部和外部规章及制度总和。捐赠财产使用与监管直接与慈善公益事业监管关联，慈善公益事业监管不同于经济学、社会学等意义上的监管。

一般而言，从监管的主体角度看，对慈善公益事业监管分为内部监管、外部监管两大类，两大类内部又分为不同类型的监管工作主体。对于慈善公益事业长久发展而言，监管不是限制慈善组织，而是助其迅速成长、壮大。对慈善公益事业监管不同于其他经济社会组织，对其监管的特殊性在于：慈善公益事业的资金来源区别于其他经济社会组织，其资金来源在很大程度上不属于慈善公益事业组织、执行者。即使有些基金会的资金直接来源于某个人或某些集团，从经济学的意义上讲，这部分资金也不再属于原来的所有者。在某种程度上讲，慈善公益事业资金终极来源于政府的减免税制度，属于变相的财政转移支付，也就是说，政府把原本应该从纳税人处征收来的税款，转给了慈善公益事业组织，而慈善公益事业组织代替政府执行并完成扶危助困的任务，而政府也不是毫无益处，最直接、最明显的益处是政府部门中直接负责救灾工作的人员负担减轻了，通过慈善组织的工作，党和政府为人民服务的宗旨也获得了肯定，这是一个多方获益的结局。

杨守金和于丽（2012）认为："慈善公益事业的财产来源具有独特的性质，其财产绝大部分源于捐赠者的资金，慈善公益事业组织者在运作过程中就应当而且必须审慎负责，不能任性而为。"相对于企事业单位的监管，对于慈善公益事业组织监管必须实行更加严格的办法。而从事慈善事业的慈善组织类型不止一种，其称谓也颇多。慈善组织包括慈善基金会、社会团体和社会服务机构。慈善组织具体分类见图1-1。

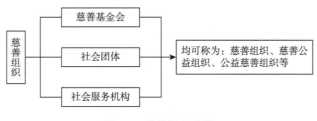

图1-1　慈善组织分类

总体上，从事慈善相关的组织都是慈善组织，有时也可称为慈善公益组织、公益慈善组织，其内涵是一致的。

1.3.1　捐赠财产监管的原则

1. 法治化与去行政化并举原则

慈善公益事业法治化包括立法、执法、司法、守法全过程的系统建设和立体建设。捐赠财产监管的主体、监管的职责权限、监管措施等均由慈善公益事业监管法规和相关行政法律、法规规定，监管活动均应依法进行。

慈善监管领域中法治的基本理念是反对特权，强调人生而平等。注重保障公民的权利，反对和防止权力被滥用，在慈善事业监管上，无论捐赠者还是被救助者，都有平等的权利。故而，法治理念有几个代表性的特征：一是法治必须能够体现出一种理性的光辉和人类先进文化的精华，而不只是一种冷酷的制度化模式或僵硬的社会组织模式，如此，才能体现出慈善事业的温馨；二是法治作为一种基本追求和向往，反映出特定的人类精神世界光芒，构成了人类工业文明和民主生存方式的秩序基础，慈善事业恰好能反映出人类文明的价值；三是法治最后的、终极的，也是最重要的含义，就是唯有法律才具备规范和裁决人们行为的力量，公民行为的最终导向是依据法律而行动，司法活动必须在法治的引领下才能实施。

法治社会里，监管必须体现出法律依据，对事不对人，一个统一标准、一个标准尺度，要求所有参与者遵纪守法。在法律的制定实施上一视同仁，不搞特殊。任何组织和个人都不能凌驾于法律之上，谁都不可以拥有超越法律的特权。

2. 公正、公平、公开原则

公开是慈善公益事业的前提，公平是慈善公益事业的衡量结果，公正是慈善公益事业的必然要求。慈善公益事业监管活动应明确规定信息公开的边界尺度，在保护捐赠者、被捐赠者的私密信息以及必要的财务信息之外，最大限度地提高捐赠财产使用的透明度。同时，监管当局应公正执法，平等对待所有参与者，所有的捐赠者和受捐赠者平等地享有相应的权利和义务，不因慈善组织的性质而实行差别对待。做到实体公正和程序公正。

公开是公益事业的前提，也必须是监管的前提，公开是为了公正，必须要牢记公益的核心原则。在理解这一原则时，必须充分体现平等、自由、社会合作这三项理念。自由、平等、公正、法治是社会主义核心价值观在社会领域的要求，做到这样才能体现一个社会的和谐统一，人与人之间的合作才可以实现。政府对慈善公益事业的监管与对其帮扶其实是辩证统一的关系。政府的监管不仅是对慈善公益事业组织行为限制这样一个单一的功能，同时也是一种规范，更是一种服务，是修正其发展过程中的歧途，使之走上健康发展的自由之路。作为现代意义上的公正理论，必须在慈善公益事业中获得应用。其立论所依据的平等、自由、社会合作等诸项理念，理应在公正的具体内容与规则中得到充分与合理的显现。

公正是慈善公益事业所必需的要求。经济学理论已经有力地证明了，完全竞争性市场，能实现帕累托效率（福利经济学第一定理）。而欧美国家经济社会发展史，中国改革开放40多年来的出色实践，都是市场机制有效的生动写照。市场经济优于计划经济，是因为市场经济的假设，也就是"经济人"假设，即每个人都是在给定的约束下，追求自己利益的极大化，比计划经济的内在假设，即人是利他的，更符合人性，因势利导，才能成功。更重要的是，市场经济是更平等的制度安排。市场经济给予所有进入市场的人，以平等的交易地位，交易是基于互利基础上的自愿性交易，它根本不同于过去社会看中属性的交易模式，市场经济的交易是非人格化的。在市场经济制度中，政府的责任是确定和保护产权，制定交易规则而不是亲自参与到市场中来，如果作为裁判的政府进入竞赛主体之中，交易的主体地位就不再平等，就会存在行政性垄断，这终将消灭市场规则，从而也就消灭了市场，效率也就无从谈起。西方经济学家很少谈到再分配，这不是现代经济学的核心内容（古典经济学的伟大杰出代表大卫·李嘉图的《政治经济学及赋税原理》的内容，却是价值论和分配论）。一个社会，如果将精力过多地用于分配性努力，而不是生产性努力，是没有前途的。

公平与效率是经济学界的主题，也是整个社会的主题。对于公平与效率的关系，学者讨论了几百年的时间，但是，没有得出一个基本一致的结论。这是因为连公平的标准是什么，学者都没能取得一致意见。大体说，公平与效率有矛盾的一面，二者是交替的关系，此消彼长。但是，这不是绝对的，二者也有统一的一面，有时是可以相容的。损害效率，也会妨碍公平。如果每个人不按照各自在市场中的贡献或者边际生产力获得报酬，而是大家所得一样多，对贡献大的人，就是不公平。而如果把人，人为地置于不平等地位，如同比赛的起点有前有后，也注定是没有效率的。

公正，涉及整体上社会如何确定初次分配与再分配的规则，涉及义务与权利的均衡、收入与财富比例协调、权力与机会的均等、公共服务与荣誉的社会认可等。公正涉及政府行为，涉及再分配。不同学派的学者，对于政府是否应进行收入的再分配，有截然相反的看法。功利主义者所秉持的观点认为，在他们所谓的道德领域最高境界是实现"最大多数人的最大幸福"，这是功利主义创始人杰瑞米·边沁的名言。幸福就是快乐减去痛苦，而增加快乐、减少痛苦的东西，就是功利。幸福最大化也就是功利的最大化。功利主义的这个原则，逻辑上强有力，影响也最为深远。功利主义者主张对收入进行再分配。功利主义者认为，整个社会的效用函数是个人效用函数的某种加总，最简单的形式就是将个人效用函数直接相加。根据数学微积分知识，当每个人的边际效用（MU）相等时，社会总效用（TU）才会最大，也就是幸福最大。如果合理地假定，每个人的效用函数相同，则只有每个人的收入都相等时，边际效用才会相等。这样，功利主义者的再分配建议就是均等的收入。比如通过纳税，把多余的收入拿走，则可以做到收入绝对相等，边际效用也相等，总效用最大化。绝对的平均主义，符合功利主义者的公正观念，但是这样，就没有人会努力工作了，因为反正最后大家的所得都一样。即使没有做到完全均等，也会影响效率，打击人们工作的积极性，造成总收入的下降。

哈佛大学哲学教授约翰·罗尔斯的《正义论》对现今社会有非常大的影响力，他提出了一个公正的原则：只有当收入和经济的不平等有利于增加最不利者的利益时，才是可以允许的。或者说，社会福利仅仅取决于效用最低的那个社会成员的效用，所谓公正，就是让这个人的效用极大化。这个也符合人们的一般直觉，最差的人的境遇获得了改善，整个社会的福利应该也会增加。罗尔斯的非同凡响之处，是他设想存在一个平等的"初始状态"，在这个假设的状态下，所有的人都无一例外地处于浑然无知之中。在那个时候，每个人都茫茫然不知所措，不知道自己究竟处于什么位置，同样发生的情况是，每个人也不能断定自己是不是处于最差的生存状况，因此，每个人都会自觉地同意社会的收入分配要做到有利于那个最差的人。最后，罗尔斯得出不可置疑的结论：人们只有在这种最初的、原始状态下得出的原则才是最公平、最公正的，在其他情况下产生的所谓公正原则，没有可知性的公正都不是公正的。正如罗尔斯在其名著《正义论》一书中指出的那样，真正的正义需要满足两条原则：一是平等源于自由，人只有在社会中拥有自由的权利，才能享受平等；二是人人机会平等和人人无差别化。第一条原则要求分配的时候，产生不平等，而这种不平等又不可避免，那么，不平等的选择就要倾向于使境遇最差的人能够获取最大化的利益，或者换句话说，不平等的天平应倾斜于社会地位中地位较低人群。第二条原则要求在社会经济领域，实施不平等原则，将平等的机会赋予技术、能力与动机相同的人们，使所有人在获得职位上享有平等的机会。我们并不是说要寻找到真正的公正，我们只是想在慈善公益事业发展中尽力而为做到相对公正。作为原则性的规定必须要立足于至善境地，追求卓越。我们并不是说要能够做到完美无缺，而且我们也不可能做到尽善尽美。问题的关键在于我们应当看到：在社会不断发展、高速变化和繁荣进步的今天，弱势群体与少数群体的权益更要被关注和重视，这是一个多元社会的基本特征与根本要求。

综上所述，慈善公益界的核心问题是社会平等。这个慈善公益的基本原则和精神是帮助、关爱弱势群体，不是从施舍者的角度居高临下。如果没有处理好这个核心问题，则慈善公益界表面上虽然壮大了，但却难以得到真正意义上的发展。所以，政府应该意识到维护社会平等的责任。整个慈善事业组织必须时刻牢记分享、开放、公平、合作、抱团，共同整合社会各界力量，使慈善公益事业取得进步和发展。

3. 效率原则

捐赠财产效率原则的基本含义是：慈善事业捐赠财产监管主体在行使其监管慈善事业职能时，要竭尽全力争取以花费尽可能短的时间，使用尽可能少的人力资源，动用尽可能低成本的经济耗费，办尽可能多的慈善活动，取得尽可能多的社会效益和经济效益，以便资助更多的弱势群体成员。捐赠财产监管主体应当提高监管体系的整体效率，不压制或者是适当鼓励慈善公益事业组织开展创新活动。同时，捐赠财产监管机构应该合理地配置和充分地利用其自身的资源以降低行政性成本，减少不必要的支出，达到节约社会公共资源的目的。效率与公正一样，是慈善事业捐赠财产监管的重要价值取向。没有公正，效率就没有意义，而没有效率，公正就无法得到保障。对于慈善事业监管而言，保证公正的基本要求需要做到：①严格遵守办事程序，守时高效。慈善事业捐赠财产监管主体要按照法定的程序和期限履行自己应尽的职责，否则直接视为违反规定。②慈善事业捐赠财产监管机构设置要精简且合理，职权分工要明确具体。否则，难免机构臃肿庞大，人浮于事不务正业，职权不清办事相互推诿、相互扯皮、效率低下。③注重慈善事业捐赠财产监管行为的成本。慈善事业捐赠财产监管主体实施行为，要考虑客观规律的制约，事前应该有可行性研究和基于科学计算的成本-效益分析，使得相应的决策和行为具有最大可能的合理性，尽可能给受益人带来更多益处，并尽可能地避免或减少对受益人的伤害。

慈善事业监管主体实施行为，贯彻效率原则，提高办事效率，尽可能以最短的时间，完成最重要的项目，最重要的是要在尽可能短的期限内做出正确的决定。

4. 独立性原则

捐赠财产监督管理机构及其从业人员依法履行捐赠财产监督管理职责，并受法律保护，中央及各级地方政府部门、社会团体或者个人均不得干涉。

（1）在捐赠财产监督管理机构及其从业人员依法履行捐赠财产监督管理职责过程中，中央及各级地方政府部门、社会团体或者个人均不得以任何理由、任何方式加以干涉。

（2）捐赠财产监督管理机构及其从业人员依法履行捐赠财产监督管理、行使职权过程中，必须自觉地严格遵守国家法律、法规的规定，不得实施任何违反法律程序和规则的行为。

（3）捐赠财产监督管理机构及其从业人员依法履行捐赠财产监督管理、行使职权过程中，必须承认、接受中国共产党的领导。这是由我国的政治体制所决定的。

5. 协调统一原则

各个捐赠财产监管主体之间职责分明、分工合理、相互配合，这样才可以节约监管成本，提高捐赠财产监管的效率。慈善事业捐赠财产使用和监管机制的对象是人、财、物和信息，不是仅仅管理资金这样的简单小事。监管的主体是人，不是物，不能见物不见人。捐赠财产监管究其本质监管和被监管的都是人，是如何监管人的问题。管人要管心，只有心往一处想，才能劲往一处使。所以，心的疏通，是监管的重中之重。在手段上，凡事都要有计划，要建立健全符合各个慈善组织捐赠财产监管的规章制度，并且形成切实可行的工作程序，维持良好的工作秩序。同时，对慈善事业捐赠财产监管的公益性理念必须贯彻始终。

6. 宽进、严管、严出原则

过去对慈善组织实施严格进入的登记注册制度。取得入门资格之后就等于进了慈善事业保险箱，有关部门对于慈善组织疏于管理，以至于个别慈善组织在捐赠财产使用上过于任性，影响了其他慈善组织正常运作、发展。慈善组织在终结阶段也必须严格管理，使慈善事业捐赠财产不被利用，没有转移、私分的机会，其剩余捐赠资产也必须保证用于慈善事业，使其做到善始善终。

1.3.2 捐赠财产使用与监管理念

在设计捐赠财产的使用与监管机制过程中做到：首先明确监管理念，其次才能制定监管目标与方法、使命和价值观、责任和程序等内容，为慈善组织的运行提供指引和保障。

捐赠财产监管既是一个理论问题，也是一个现实问题。慈善公益事业发展要有长远的发展规划，必须首先明确慈善捐赠财产监管的理念，厘清慈善事业捐赠者、受捐者以及监管者三方的关系，才能使慈善公益事业获得生机和活力。

1. 保护捐赠者的权益

拥有爱心的捐赠者迫切需要监管的保护。慈善事业发展的前提条件是人们的爱心，动员和组织全国人民心怀慈悲、大爱无疆、甘心奉献。人们的爱心需要物质基础的保障，这个物质基础需要人力、物力和财力的支持，这个支持的基础是捐赠者的利益。捐赠的多少固然与国内生产总值总量以及人均国内生产总值相关，与社会的人、财、物多寡相关。同等情况下，不同时期、不同地区具体的捐赠情况不尽相同。但是，捐赠者的爱心需要监管的保护。慈善事业是一个劳心费力的奉献并充满快乐的活动。杨守金和于丽（2012）认为："爱心不能被伤害，爱心也经受不起伤害，爱心必须被细心呵护，才能茁壮成长。应该让捐赠者清楚捐赠的资金流向，并且资金的流向应该符合捐赠者的心愿。"

慈善事业发展中最伤害捐赠者的是爱心被滥用。捐赠者的爱心不可以被用于非慈善事业，或者捐赠者并不认可的地方或者是不该被捐赠的人。与此同时，被委托人也需要合理使用慈善公益资金，慈善组织机构提高了公信力，才能让捐赠者信服，使捐赠者相信自己的爱心没有被辜负，捐赠财产才能源源不断地从捐赠者那里获得。如果捐赠者失去信心，慈善组织的资金供应会随时中断。

慈善组织应该使捐赠者得到信息反馈。通过组织者的行动，捐赠人应该清楚爱心行动是能够被承认的，是需要得到社会和受捐赠者回应的。人们的爱心行动能够取得应有的结果。爱心绝不可以被心怀叵测的人利用去达到私人目的。个人的财富如何使用，他人无权横加干涉，即使是出于善意，其他人也只能是提出建议而已。但是，他人的财产绝不可以被随心所欲、不受监督地使用，尤其是他人的慈善捐款，必须在严格的监督下才能使用，不可任性而为。

2. 保护慈善组织的利益

慈善组织的行为需要监督，但其合法行为也需要保护。慈善捐赠财产监管制度是慈善事业发展的动力，慈善组织需要规范使用捐赠财产，慈善捐赠财产的使用首先要接受慈善组织内在的监管，捐赠财产的使用和监管必须在阳光下运作，捐赠财产公开、公正、透明的运作是慈善事业能够持续发展的内在动力。

在满足法定条件下，慈善组织的合理开支、项目运作规程、资金投入方向等工作，应在政府设定或授权的捐赠财产监管部门严格监管下，予以必要的资金支持与合作，共同建设慈善事业。

3. 明确政府的监管地位

明确政府的地位和作用。政府不是慈善事业资金的使用者，而只能是慈善事业捐赠财产的监管者，并且其具体监管业务职能要分散给社会及公司内部治理，毕竟分散化公共治理是信息化时代发展的必然趋势。

政府最大的任务是要加强慈善事业的规范化，完善捐赠财产监管体系，其核心目的是使慈善捐赠财产监管机构更加理想地履行独立监管职责。慈善事业捐赠财产监管的本质要求监管必须要有独立性，慈善捐赠财产监管制度的目标是实现独立监管、依法监管。慈善事业捐赠财产监管工作原则上应做到：公开透明、廉洁高效、权责一致。

因此，基于捐赠财产使用和监管理念，建立相对独立的捐赠财产监管机构、慈善组织自律和舆论与社会监督三位一体监管机制，进一步完善慈善组织捐赠财产监管体系，这个三位一体监管机制的运行主体地位并不是完全均等的，在三者当中以政府相对独立的捐赠财产监管机构为主导。政府监管主体需要落实独立捐赠财产监管的职责，其捐赠财产业务监管工作可由国家税务部门和审计部门分工负责，税务部门专门对慈善组织减免税行为实施监督，审计部门专门对慈善组织资金具体使用情况实施审计监督。协助建立慈善组织自律性质的行业协会，所有的慈善公益组织原则上必须加入行业协会，由行业协会规范其活动并履行行业自律监督职责，在监管平台上每年向社会公布一次审查结果，使慈善事业捐赠财产公开透明，应该公布的信息完全展露于阳光之下，从而争取杜绝捐赠财产领域的违法、违规现象。

1.3.3　捐赠财产使用与监督管理的内容

胡锦涛在党的十七大报告明确指出："加快行政管理体制改革，建设服务型政府。行政管理体制改革是深化改革的重要环节。要抓紧制定行政管理体制改革总体方案，着力转变职能、理顺关系、优化结构、提高效能，形成权责一致、分工合理、决策科学、执行顺畅、监督有力的行政管理体制。健全政府职责体系，完善公共服务体系，推行电子政务，强化社会管理和公共服务。""完善制约和监督机制，保证人民赋予的权力始终用来为人民谋利益。确保权力正确行使，必须让权力在阳光下运行。要坚持用制度管权、管事、管人，建立健全决策权、执行权、监督权既相互制约又相互协调的权力结构和运行机制。"① 作为行政管理体制改革的一部分，慈善事业捐赠财产监管应服从行政管理体制改革的大局，其具体的监管目标不能背离行政管理体制改革大方向。根据我国现行法律法规，慈善捐赠财产监管制度具有较为丰富的内容，主要包括年度检查制度、全程监管制度、财产管理制度和处罚制度等重要内容。

1. 年度检查制度

捐赠财产的有效监管取决于对慈善组织的有效监管。为了更好地监管慈善组织，就必须保障对其进行全面的监督。②

完善并健全年度检查制度（简称年检制度）。年检制度是指慈善组织的登记管理组织机关对已经登记注册的慈善组织所执行法律法规以及履行政策的情况，开展慈善项目业务活动的具体情况，慈善机构及其负责人的变动情况以及慈善组织财务管理情况等，按照法定的程序和内容进行的年度检查行为，以便确认被核查的慈善组织是否具有继续开展慈善活动之资格的行政性监管行为。正因为年检制度在慈善组织监管制度中所占据的重要地位，所以民政部先后发布了包含慈善组织在内的《社会团体年度检查暂行办法》（1996 年 5 月）、《基金会管理条例》（2004 年 3 月）、《民办非企业单位年度检查办法》（2005 年 4 月）、《基金会年度检查办法》（2005 年 12 月），从而构建了较为完善的涉及慈善组织的年检制度。

2016 年《中华人民共和国慈善法》（简称《慈善法》）进一步明确规定："慈善组织应当每年向其登记的民政部门报送年度工作报告和财务会计报告。报告应当包括年度开展募捐和接受捐赠情况、慈善财产的管理使用情况、慈善项目实施情况以及慈善组织工作人员的工资福利情况。"

---

① 《高举中国特色社会主义伟大旗帜　为夺取全面建设小康社会新胜利而奋斗——在中国共产党第十七次全国代表大会上的报告》，https://fuwu.12371.cn/2012/06/11/ARTI1339412115437623.shtml。

② 对慈善事业组织监管的实质就是对捐赠资金使用的监管，慈善事业组织的资金来源于捐赠资金，其所有运行的资金都是来自各方的资金。

2. 全程监管制度

鉴于慈善事业不同于一般社会组织的特殊性，其行为涉及公共利益，必须严格管理、全程监控、信息全程公开。过去的那种重视审核登记，轻视过程管理的监管模式必须加以改进。具体改进表现在如下几方面。

（1）在登记注册上，继续严格管理，避免双重模式。采取的模式是谁登记、谁管理、谁负责。

（2）对慈善组织运行过程纠偏。对慈善组织违背慈善事业宗旨，以及公益组织性质发生变化和违法乱纪的，一律处罚，情节严重的直接取消慈善事业资格。

（3）强化使命结束时的审核工作。规范慈善组织结束程序，资金尤其要严管。如果出现慈善组织完成任务或发生重大变化等情况，慈善组织可以办理退出手续，完成其历史使命，但是，如有剩余资金，不得转作他用，只能继续用作慈善事业，由其他慈善组织完成捐赠财产的使用。

（4）慈善组织应按时向业务主管单位报告其接受、使用捐赠财产的有关情况，并应当将捐赠财产使用的有关情况以适当方式向社会公布。

（5）按照《公益慈善捐助信息公开指引》的要求，信息公开应该坚持的基本原则：及时准确原则；方便获取原则；规范有序原则；分类公开原则；公开为惯例不公开为特例原则。[①]

（6）《公益慈善捐助信息公开指引》明确规定了慈善捐赠财产公布的具体内容。在民政部门提供的统一的信息平台上，向社会公开下列信息："第十条 信息公开的内容，包括：信息公开主体基本信息、募捐活动信息、接受捐赠信息、捐赠款物使用信息、接受捐赠机构财务信息及必要的日常动态信息等。具体公开信息的内容，可根据信息公开的原则和具体目标确定。第十一条 信息公开主体基本信息，包括：机构基本情况（机构名称、成立时间、机构宗旨和业务范围、办公地址、工作电话等）、年检情况、评估结果、处理投诉的联系人及联系方式等。第十二条 募捐活动信息，包括：活动名称、活动地域、活动起止时间、捐赠人权利义务、募集款物计划及活动目标、募集款物的用途、募集款物的使用计划、募捐活动的合作伙伴、募捐活动的方式（义演、义卖或是其他）、募捐款物数额、募捐工作成本及开支情况等。第十三条 接受捐赠信息，包括：接受捐赠款物时间、捐赠来源、接受捐赠款物性质（定向捐赠或非定向捐赠）、接受捐赠款物内容（捐赠类型、捐赠数额），以及是否开具捐赠收据等。第十四条 捐赠款物使用信息，包括：受益对象、受益地区、捐赠款物拨付和使用的时间和数额、捐赠活动和项目成本、捐助效果（图片、数字、文字说明）等。在捐赠款物使用过程中计划有调

---

① 《民政部正式发布〈公益慈善捐助信息公开指引〉》，http://www.gov.cn/gzdt/2011-12/16/content_2022026.htm。

整的，要及时公布调整后的计划。第十五条 接受捐赠机构财务信息，包括：年度财务会计报告（会计报表、资产负债表、业务活动表、现金流量表、会计报表附注、财务情况说明书）、审计报告等。第十六条 日常动态信息，包括参与公益投资情况、内部招投标和物资采购情况、主要工作人员变动情况、项目动态情况等。"

3. 财产管理制度

慈善组织所拥有的财产是保证其开展工作的重要资源，也是确保使其实现慈善事业宗旨的重要手段，慈善组织的财产必须处于安全状态并能够被有效利用，作为阳光下的慈善组织不能任性而为，需要国家以法律制度规范。

（1）慈善组织的财产运作必须符合法律规定的原则和目的。《慈善组织保值增值投资活动管理暂行办法》第三条明文规定："慈善组织应当以面向社会开展慈善活动为宗旨，充分、高效运用慈善财产，在确保年度慈善活动支出符合法定要求和捐赠财产及时足额拨付的前提下，可以开展投资活动。"[①]慈善组织开展投资活动应当遵循合法、安全、有效的原则，投资取得的收益应当全部用于慈善目的。

（2）资产管理制度中对慈善组织从事投资活动规定了以下内容：投资遵循的基本原则；投资决策程序和管理流程；决策机构、执行机构、监督机构在投资活动中的相关职责；投资负面清单；重大投资的标准；投资风险管控制度；投资活动中止、终止或者退出机制；违规投资责任追究制度。

（3）涉及公募基金会管理成本的限定问题。《基金会管理条例》（国务院令第400号）[②]规定："基金会工作人员工资福利和行政办公支出不得超过当年总支出的10%。"这个规定有待研究。具体实施办法可参照我国台湾地区劝募方面的规定，即公募基金会工作人员工资福利和行政办公等管理成本支出应该参照公募基金会的规模和筹款来决定，不能只参照一个固定标准。按照现行规定，实行下来有可能苦乐不均，对中小型公募基金会造成伤害。例如，可以限定5000万元和5亿元为界限，募捐低于数值5000万元的比例定为不得高于年总支出的15%；募捐超过数值5000万元，低于5亿元的比例定为不得高于年总支出的10%；募捐超过数值5亿元的比例定为不得高于年总支出的3%。按公募基金会所获得捐赠财产的累计值计算管理成本应该是最佳选择。当然这个需要国家根据情况确定具体指标，定下标准之后，慈善事业公募基金会也能够更好地开展工作，群众也会更加乐于接受。

相对而言，在这个问题上，我们的新办法对不具备公募基金会资格的社会组

---

① 《慈善组织保值增值投资活动管理暂行办法》，https://www.gov.cn/zhengce/zhengceku/2018-12/31/content_5440411.htm。

② 《基金会管理条例》，https://www.gov.cn/zwgk/2005-05/23/content_201.htm。

织的基金会规定却灵活得多。至于管理成本中涉及基金会专职工作人员的基本工资和保险、福利等待遇问题，我们可以采取参照国家对事业单位人员待遇的有关标准规定执行。我们必须保障社会团体的管理费用能够维持在一个合理的标准基础上，如果不做限定性要求，社团财产就有可能被专职工作人员以合规的方式变相私分。

（4）基金会法定公益支出比例问题。这是通过制度制约机制来约束基金会"敛财""不作为""不花钱""胡乱花钱"的主要措施，所以我们要确立公募基金会每年度公益支出的最低比例。这样做的理由以及政策基础是充分而且十分必要的。基金会等慈善组织利用了社会资源获得捐赠财产，享受了税收优惠政策，那就要以社会慈善事业为己任。因此，基金会就要尽可能地避免个人用公共资源牟利。当然对于公益支出最低比例数值的确定，各国的做法虽然有所差别，但主要需要考虑多个因素之间的平衡：从事慈善事业的基金会要满足全社会的公众意愿，对其所应该具有的公益性存在合理的期待；也不能因此限制了基金会从事慈善事业的能力和发展慈善事业的前途；必须充分考虑各种不同类型基金会的差别。《慈善组织开展慈善活动年度支出和管理费用标准》规定："慈善组织中具有公开募捐资格的基金会年度慈善活动支出不得低于上年总收入的70%；年度管理费用不得高于当年总支出的10%。"[①]

对于小的且不具备公开募捐资格的非公募基金会，由于情况复杂，每年用于从事基金会章程规定的慈善事业支出，按不同规模分别规定不得低于上一年基金余额的 6%～8%。《慈善组织开展慈善活动年度支出和管理费用标准》有具体的规定：上年末净资产低于 6000 万元高于 800 万元人民币的，年度慈善活动支出不得低于上年末净资产的 6%；上年末净资产低于 800 万元高于 400 万元人民币的，年度慈善活动支出不得低于上年末净资产的 7%；上年末净资产低于 400 万元人民币的，年度慈善活动支出不得低于上年末净资产的 8%。

4. 处罚制度

对于慈善组织发生违反法律或有严重违反章程的行为，登记或者管理机关有权根据法律法规的规定启动行政处罚机制。依照法规的处罚种类以及处罚程序，对慈善组织或其法定负责人给予行政处罚。根据现有的法律规定，对慈善组织的处罚制度，分别是由《基金会管理条例》、《社会团体登记管理条例》和《民办非企业单位登记管理暂行条例》这三大法规设定的。从处罚的内容上看，处罚制度主要包括处罚的种类和对慈善事业主体处罚的原因。

---

① 《慈善组织开展慈善活动年度支出和管理费用标准》，https://www.gov.cn/hudong/2016-08-25/content_5102309.htm。

1）处罚的种类

据现有处罚慈善事业组织的法规规定，如《社会团体登记管理条例》规定："社会团体有下列情形之一的，由登记管理机关给予警告，责令改正，可以限期停止活动，并可以责令撤换直接负责的主管人员；情节严重的，予以撤销登记；构成犯罪的，依法追究刑事责任。"①如果慈善组织或个人某些行为超出了行政惩处范围，已经构成犯罪的，就要依法追究其刑事责任。

2）处罚的原因

慈善事业主体被处罚的原因可能有以下几种情况。

（1）对社会团体处罚。这些违规行为具体包括：涂改、出租、出借社会团体法人登记证书，或者出租、出借社会团体印章的；超出章程规定的宗旨和业务范围进行活动的；拒不接受或者不按照规定接受监督检查的；不按照规定办理变更登记的；违反规定设立分支机构、代表机构，或者对分支机构、代表机构疏于管理，造成严重后果的；从事营利性的经营活动的；侵占、私分、挪用社会团体资产或者所接受的捐赠、资助的；违反国家有关规定收取费用、筹集资金或者接受、使用捐赠、资助的。①

这里存在的问题是如何处理登记机关和管理机关与有关国家机关产生不同意见的问题，可能有如下复杂情况：有关国家机关认为某社会团体应当撤销登记，相对应的登记或者管理机关是否应当予以审查？是进行重新、全面的审查，还是仅凭书面审查？如果登记或者管理机关审查后，认为不应当撤销登记的，应当如何处理？如果登记或者管理机关审查后，将社团的登记撤销了，社团提起行政复议或行政诉讼时，相应参与者的程序又该如何处理？这些问题在现行的法律法规中都没有涉及，想获得这些问题的答案并非易事，这需要深入的研究才能得出结论，而对这些问题的解答也是完善社团处罚制度所必须要完成的工作。

（2）对民办非企业单位的处罚。具体包括：涂改、出租、出借《社会团体法人登记证书》，或者出租、出借社会团体印章的；超出章程规定的宗旨和业务范围进行活动的；拒不接受或者不按照规定接受监督检查的；不按照规定办理变更登记的；违反规定设立分支机构、代表机构，或者对分支机构、代表机构疏于管理，造成严重后果的；从事营利性的经营活动的；侵占、私分、挪用社会团体资产或者所接受的捐赠、资助的；违反国家有关规定收取费用、筹集资金或者接受、使用捐赠、资助的。

（3）对基金会的处罚。《社会团体登记管理条例》规定如下："第二十九条　社会团体在申请登记时弄虚作假，骗取登记的，或者自取得《社会团体法人登记证

---

① 《社会团体登记管理条例（2016 年修正本）》，http://www.gd.gov.cn/zwgk/wjk/zcfgk/content/post_2521402.html。

书》之日起 1 年未开展活动的，由登记管理机关予以撤销登记。第三十条 社会团体有下列情形之一的，由登记管理机关给予警告，责令改正，可以限期停止活动，并可以责令撤换直接负责的主管人员；情节严重的，予以撤销登记；构成犯罪的，依法追究刑事责任：（一）涂改、出租、出借《社会团体法人登记证书》，或者出租、出借社会团体印章的；（二）超出章程规定的宗旨和业务范围进行活动的；（三）拒不接受或者不按照规定接受监督检查的；（四）不按照规定办理变更登记的；（五）违反规定设立分支机构、代表机构，或者对分支机构、代表机构疏于管理，造成严重后果的；（六）从事营利性的经营活动的；（七）侵占、私分、挪用社会团体资产或者所接受的捐赠、资助的；（八）违反国家有关规定收取费用、筹集资金或者接受、使用捐赠、资助的。前款规定的行为有违法经营额或者违法所得的，予以没收，可以并处违法经营额 1 倍以上 3 倍以下或者违法所得 3 倍以上 5 倍以下的罚款。第三十一条 社会团体的活动违反其他法律、法规的，由有关国家机关依法处理；有关国家机关认为应当撤销登记的，由登记管理机关撤销登记。第三十二条 筹备期间开展筹备以外的活动，或者未经登记，擅自以社会团体名义进行活动，以及被撤销登记的社会团体继续以社会团体名义进行活动的，由登记管理机关予以取缔，没收非法财产；构成犯罪的，依法追究刑事责任；尚不构成犯罪的，依法给予治安管理处罚。第三十三条 社会团体被责令限期停止活动的，由登记管理机关封存《社会团体法人登记证书》、印章和财务凭证。社会团体被撤销登记的，由登记管理机关收缴《社会团体法人登记证书》和印章。第三十四条 登记管理机关、业务主管单位的工作人员滥用职权、徇私舞弊、玩忽职守构成犯罪的，依法追究刑事责任；尚不构成犯罪的，依法给予行政处分。"

第 2 章　捐赠财产使用与监管的进步

随着改革开放政策的实施，我国的慈善事业逐步得以恢复，并得到了快速发展，尽管在发展中面临诸多困难，但是我国在捐赠财产使用与监管方面仍然取得了明显的进步，慈善事业在社会保障体系中已经能够发挥出重要的补充作用，慈善组织开展的救助工作对于改善民生，促进和谐社会构建，做出了积极的贡献。我国慈善事业之所以能够在短短几十年的时间内取得这些难能可贵的进步，离不开我国捐赠财产使用与监管机制的建设。

2.1　捐赠财产监管法律制度建设成效显著

党的十八大以来，在以习近平同志为核心的党中央坚强领导下，党和国家的领导层面严格实行依法治国战略，对各项法律、法规实行合宪性审查机制，进一步加快了我国全面依法治国的进程，也正是在这样的治国理念大背景下，慈善事业法治建设在宪法的统领之下，在慈善法以及相关法律、法规和政策文件整体相互配合作用下，才能够一路不停地向前行进。

2.1.1　监管法律体系逐步完善

我国第一部真正涉及慈善事业的法律，始于 1999 年 9 月 1 日起施行的《中华人民共和国公益事业捐赠法》。2004 年中共十六届四中全会首次提出我国需要发展慈善事业健全社会保障体系，提出"健全社会保险、社会救助、社会福利和慈善事业相衔接的社会保障体系。"①自从这次会议以来，慈善事业开始在我国获得了生存和发展的土壤。从那时起，我国开始关注慈善事业发展及慈善组织建设问题，进而需要逐步建立并完善慈善事业相关的专业法律、法规。民政部早在 2005 年就开始牵头起草《慈善法》，却因分歧太大而陷入僵局。2013 年 10 月 30 日，在相关领域专家、学者和慈善组织共同努力下，慈善事业立法被列入第十二届全国人大常委会第一类立法项目，在接下来五年的立法规划中位居前列。由此慈善事业立法进程步入快车道。

经过一系列努力，自 2016 年 3 月《慈善法》公布之后，民政部以前所未有的速度，单独或联合相关部门出台了一系列《慈善法》配套法规、政策及措施，基本构建起了相对完整的慈善事业的法律制度体系。这一制度体系包括：民政部、工业和信息化部、国家新闻出版广电总局、国家互联网信息办公室于 2016 年 8 月 30 日联合印发、2016 年 9 月 1 日起施行的《公开募捐平台服务管理办法》；民政部于 2016 年 8 月 31 日发布并于 2016 年 9 月 1 日起施行的《慈善组织认定办法》《慈善组织公开募捐管理办法》；2016 年 10 月 11 日民政部、财政部、国家税务总局联合印发的《关于慈善组织开展慈善活动年度支出和管理费用的规定》；民政部、中国银行业监督管理委员会（简称银监会）于 2017 年 7 月 26 日联合印发的《慈善信托管理办法》；民政部于 2018 年 8 月 6 日发布并于 2018 年 9 月 1 日起实施的《慈善组织信息公开办法》；民政部于 2018 年 11 月 30 日印发的《公开募捐违法案件管辖规定（试行）》等。

在 1991 年至 2015 年这 24 年期间，我国仅仅出台了 4 部慈善事业相关法规，然而，在《慈善法》实施不足 5 年的时间里（2016 年下半年至 2021 年），与《慈善法》配套的一系列法律法规文件不断推出，相继出台的文件总计达 14 项之多。这些配套法规文件，几乎涵盖了直接登记注册、股权捐赠创新、公开募捐资格、慈善信托管理、慈善组织认定、互联网公开募捐、年度支出和管理费用、税收优惠政策、民政部门监管、社会组织管理制度等内容。涉及内容全面、广泛，令人兴奋和鼓舞。慈善捐赠财产使用与监管所需要的法律法规终于发展到了相对健全的阶段。全面推进落实《慈善法》"最后一公里"的配套制度每年都在增加，这一进程仍然在继续推进中。

此外，2018 年国务院与民政部等相关部门在有关社会组织中加强党建、社会组织登记与管理、社会组织重大事项报告与信息公开、社区社会组织、公开募捐规范、慈善税收优惠政策落实、政府购买服务、社会工作、"互联网+"、残疾人服务机构管理、志愿服务组织管理、慈善医疗救助以及彩票公益金管理、境外非政

---

① 《中共中央关于加强党的执政能力建设的决定》，https://www.gov.cn/test/2008-08/20/content_1075279.htm。

府组织设立代表机构等方面,也发布了一系列政策性文件,力促慈善组织的发展建设,以便更好地监管各类慈善组织。另外,许多地方政府积极配合慈善法的出台。许多省份随之抓紧制定慈善法的实施办法,出台了一批地方性法规、规章以及文件。

2.1.2 慈善领域税制改革落实

慈善事业捐赠财产的获得与相关领域的税收体制改革之间存在着密切联系。减免税可以使捐助者获得税收收益,等于鼓励人们给慈善事业捐赠财产。《慈善法》规定:"企业慈善捐赠支出超过法律规定的准予在计算企业所得税应纳税所得额时当年扣除的部分,允许结转以后三年内在计算应纳税所得额时扣除。"相关慈善事业组织应享受的税收优惠政策,《慈善法》中的表述只限于原则性规定。《慈善法》只给了捐赠者减免税的政策支持,涉及捐赠人、慈善组织、慈善信托、受益人以及境外捐赠物资并没有具体的实施细则。

为保持法律体系相互贯通、相互融合以及互为支撑,2017年2月,针对《中华人民共和国企业所得税法》第九条,全国人大常委会进行了相应的修改:"企业发生的公益性捐赠支出,在年度利润总额12%以内的部分,准予在计算应纳税所得额时扣除;超过年度利润总额12%的部分,准予结转以后三年内在计算应纳税所得额时扣除。"2018年,财政部、国家税务总局联合印发《关于公益性捐赠支出企业所得税税前结转扣除有关政策的通知》,将2016年9月1日之后发生的企业捐赠财产税收减免问题落地。与此相关,2018年2月7日,财政部、国家税务总局联合印发《关于非营利组织免税资格认定管理有关问题的通知》,制定了新政策,认定了慈善组织免税资格。

另外,国家税务总局、财政部、人力资源和社会保障部、教育部、民政部等五部门联合发布《关于继续实施支持和促进重点群体创业就业有关税收政策具体操作问题的公告》,公告明确指出:"1.在人力资源社会保障部门公共就业服务机构登记失业半年以上的人员、零就业家庭或享受城市居民最低生活保障家庭劳动年龄内的登记失业人员,可持《就业创业证》(或《就业失业登记证》,下同)、个体工商户登记执照(未完成'两证整合'的还须持《税务登记证》)向创业地县以上(含县级,下同)人力资源社会保障部门提出申请。县以上人力资源社会保障部门应当按照财税〔2017〕49号文件的规定,核实创业人员是否享受过税收扶持政策。对符合条件人员在《就业创业证》上注明'自主创业税收政策'。2.毕业年度高校毕业生在校期间从事个体经营享受税收优惠政策的,凭学生证到公共就业服务机构申领《就业创业证》,或委托所在高校就业指导中心向公共就业服务机构代为其申领《就业创业证》。公共就业服务机构在《就业创业证》上注明'毕业年度内自主创业税收政策'。3. 毕业年度高校毕业生离校后从事个体经营享受税收优惠政策的，可凭毕业证直接向公共就业服务机构申领《就业创业证》。公共就业服务机构在《就业创业证》上注明'毕业年度内自主创业税收政策'。"①

　　总而言之，我们期望政府在改革深化过程中，能进一步扩大税收优惠制度的幅度。逐步贯彻、落实《慈善法》中有关税收优惠政策。按照依法治国的总体战略要求，真正实施优惠政策，使慈善能够得到更多的税收政策支持。

2.1.3　慈善组织年度支出和管理费用标准确定

　　根据《慈善法》制定的《关于慈善组织开展慈善活动年度支出和管理费用的规定》，于 2016 年 10 月 11 日开始实行。对于慈善组织相关捐赠财产在年度支出和管理费用使用方面，做出明确的规定。②

1. 具有公开募捐资格的组织

　　慈善组织中有公开募捐资格的基金会年度慈善活动支出不得低于上年总收入的 70%；年度管理费用最高不能超过当年总支出的 10%。

　　慈善组织中具有公开募捐资格的社会团体和社会服务机构年度慈善活动支出不得低于上年总收入的 70%；年度管理费用最高不得超出当年总支出的 13%。

2. 不具有公开募捐资格的组织

　　（1）综合整理《关于慈善组织开展慈善活动年度支出和管理费用的规定》中的具体规定，对于不具有公开募捐资格的慈善组织，年度慈善活动支出和年度管理费用按照以下标准执行。具体见表 2-1。

---

　　①《关于继续实施支持和促进重点群体创业就业有关税收政策具体操作问题的公告》，http://www.xmtax.net/2017/0629/12794_1.html。

　　②《民政部 财政部 国家税务总局关于印发〈关于慈善组织开展慈善活动年度支出和管理费用的规定〉的通知》，https://www.gov.cn/zhengce/zhengceku/2016-10/10/content_5554651.htm。

表 2-1   不具有公开募捐资格的慈善组织年度慈善活动支出和年度管理费用的规定

名称	上年末净资产	活动支出	年度管理费支出	备注
不具有公开募捐资格的基金会	高于 6000 万元	不得低于上年末净资产的 6%	不得高于当年总支出的 12%	1.计算年度慈善活动支出比例时,可以用前三年收入平均数代替上年总收入,用前三年末净资产平均数代替上年末净资产。上年总收入为上年实际收入减去上年收入中时间限定为上年不得使用的限定性收入,再加上于上年解除时间限定的净资产 2.慈善组织的年度管理费用低于 20 万元人民币的,不受本规定第七条、第八条、第九条规定的年度管理费比例的限制
	低于 6000 万元高于 800 万元	不得低于上年末净资产的 6%	不得高于当年总支出的 13%	
	低于 800 万元高于 400 万元	不得低于上年末净资产的 7%	不得高于当年总支出的 15%	
	低于 400 万元	不得低于上年末净资产的 8%	不得高于当年总支出的 20%	
不具有公开募捐资格的社会团体和社会服务机构	高于 1000 万元	不得低于上年末净资产的 6%	不得高于当年总支出的 13%	
	低于 1000 万元高于 500 万元	不得低于上年末净资产的 7%	不得高于当年总支出的 14%	
	低于 500 万元高于 100 万元	不得低于上年末净资产的 8%	不得高于当年总支出的 15%	
	低于 100 万元	不得低于上年末净资产的 8% 且不得低于上年总收入的 50%	不得高于当年总支出的 20%	

注:此表根据 2016 年 10 月 11 日始实行的《关于慈善组织开展慈善活动年度支出和管理费用的规定》绘制

（2）某些特殊情况下采取的处理机制。第一，因下列情形导致年度管理费用难以符合《关于慈善组织开展慈善活动年度支出和管理费用的规定》[①]的，应当及时报告其登记的民政部门并向社会公开说明情况：登记或者认定为慈善组织未满 1 年，尚未全面开展慈善活动的；慈善组织的折旧费、无形资产摊销费、资产盘亏损失、资产减值损失突发性增长的；慈善组织因预计负债所产生的损失突发性增长的。第二，慈善组织签订捐赠协议对单项捐赠财产的慈善活动支出和管理费用有约定的，从其约定，但其年度慈善活动支出和年度管理费用不得违反《关于慈善组织开展慈善活动年度支出和管理费用的规定》的要求。第三，关于公开、透明制度。慈善活动支出和慈善组织年度管理费用，在慈善组织年度工作报告中应当详细披露，并且需要依法向社会公开。

2.1.4   慈善信托规制改进

英国于 1601 年颁布《慈善用益法》，其开拓了慈善信托事业的先河，距今为止已有超过 400 年的历史。现代信托制度最早诞生于英国，最早的信托就是指慈善信托，所谓信托就是根据慈善而量身定制的。信托最初因促进慈善事业发展起步，逐

---

① 《民政部 财政部 国家税务总局关于印发〈关于慈善组织开展慈善活动年度支出和管理费用的规定〉的通知》，https://www.gov.cn/zhengce/zhengceku/2016-10/10/content_5554651.htm。

步得到应用、发展之后，扩大到民事及工商业等领域，并得以广泛应用。

伴随着慈善信托制度广泛应用于慈善事业，世界上各个国家都对慈善信托制度有了更深的了解和认可，纷纷采用信托的方式开展慈善事业。这种用慈善信托规制发展慈善事业的办法终于在实践的发展进程中，完成了从英国走向世界的历史性飞跃。所以说，发端于英国的慈善信托制度不仅对于英国，乃至对全球各个国家慈善事业的发展，都发挥出了极大的促进作用。

我国于 2001 年颁布了《中华人民共和国信托法》(简称《信托法》)。第六十条规定："为了下列公共利益目的之一而设立的信托，属于公益信托：(一)救济贫困；(二)救助灾民；(三)扶助残疾人；(四)发展教育、科技、文化、艺术、体育事业；(五)发展医疗卫生事业；(六)发展环境保护事业，维护生态环境；(七)发展其他社会公益事业。"

我国的公益信托制度就其实质讲，其渊源是英国、美国、法国等国家的慈善信托制度，属于其法律移植版本。按道理来讲，实施起来应该十分顺利。然而，移植过来的法律在实践操作中却面临水土不服，困难重重。

产生这种现象的原因在于我国信托制度的特殊性。我国信托制度设立需要审批，审批完结之后工作依旧没完成，还必须设立监察人。这些工作程序走完之后，还面临新的问题，即主管机构不明确等困境。

2016 年《慈善法》通过后，社会各界人士发表评论，并给予《慈善法》高度评价。宣称此法律最具闪光点的地方就是对慈善信托制度制定了原则，并期望借此机会将慈善信托激活。

我国《慈善法》于 2016 年 3 月颁布，为"慈善信托"单独设立一章内容——"第五章　慈善信托"规定，慈善信托属于公益信托。明确规定了慈善信托规制的具体内容。其中第四十四条规定："本法所称慈善信托属于公益信托，是指委托人基于慈善目的，依法将其财产委托给受托人，由受托人按照委托人意愿以受托人名义进行管理和处分，开展慈善活动的行为。"

2017 年，关于慈善信托的规制终于有了明确的说法，银监会联合民政部共同印发了《慈善信托管理办法》这一规范性慈善信托法规文件。作为依据《慈善法》规定而制定的《慈善信托管理办法》，能够在全国范围内开始实施运行，此法规性文件相对于 2016 年民政部联合银监会共同发布并实施的《关于做好慈善信托备案有关工作的通知》，更为全面、系统并且具有实践中的可操作性。全国政界和学术界一致认为，该文件的出台标志着我国慈善信托的规制体系已经初步建立起来。

2017 年 7 月，由银监会与民政部联手制定，并印发了《慈善信托管理办法》。据民政部官方网站消息，该办法制定的基本思路为："一是坚持鼓励发展，逐步将慈善信托打造成我国慈善事业的重要渠道；二是坚持比较优势，充分发挥信托公司和慈善组织在慈善信托中的积极作用；三是坚持风险为本，确保慈善信托规范化、阳光化运行；四是坚持问题导向，切实解决慈善信托实践中的瓶颈和障碍。"

《慈善信托管理办法》充分体现了专业分工与协作的特色，落实了《慈善法》某些只有原则而没有详细规定的规范和措施。例如，《慈善信托管理办法》中规定的慈善信托财产可以用于保值增值的指向性意见，即一般"运用于银行存款、政府债券、中央银行票据、金融债券和货币市场基金等"。

从《信托法》到《慈善法》，再到《慈善信托管理办法》，中国经历了 16 年的发展历程，《慈善法》对于慈善信托发展帮助颇多。《慈善法》的公布，确定了慈善信托的主管部门是各级民政部门，同时，也从根本上规定了慈善信托运行所需要的法律构成条件。

目前，我国的慈善信托制度体系已基本形成，以《信托法》为一般法、以《慈善法》为特别法、以《慈善信托管理办法》为具体操作规范的一整套法律规则体系，已经使公益信托的落地成为可能。

2.1.5 财产保值增值规范

社会组织如何依法依规开展保值增值活动是广大社会组织非常关注的一个重要问题。在现行的三部有关社会组织的登记管理条例中，仅有《基金会管理条例》明确提出了保值增值的概念，但并没有就基金会如何开展保值增值活动做出更为具体的规定。近年来，随着社会组织资产规模的不断扩大，社会组织特别是以基金会为代表的慈善组织开展保值增值活动的需求日益增长，通过保值增值活动取得的投资收益正在逐渐成为一类重要的收入来源。但由于现有的法律制度安排已经不能适应发展的需要，为此，在 2016 年颁布实施的《慈善法》中，专门规定了慈善组织为实现财产保值增值进行投资的基本原则和相关要求，并授权国务院民政部门制定具体办法。

2017 年，民政部起草了《慈善组织保值增值投资活动管理暂行办法（征求意见稿）》，经过社会各界广泛、认真的讨论，《慈善组织保值增值投资活动管理暂行办法》于 2018 年 10 月 30 日正式出台，并于 2019 年 1 月 1 日起施行。

1. 《慈善组织保值增值投资活动管理暂行办法》的宗旨和原则

慈善组织应当以面向社会开展慈善活动为宗旨，充分、高效运用慈善财产，在确保年度慈善活动支出符合法定要求和捐赠财产及时足额拨付的前提下，可以开展投资活动。慈善组织开展投资活动应当遵循合法、安全、有效的原则，投资取得的收益应当全部用于慈善目的。

2. 《慈善组织保值增值投资活动管理暂行办法》最为核心的内容是关于投资领域的划定

该办法所称投资活动，主要包括下列情形：①直接购买银行、信托、证券、基金、期货、保险资产管理机构、金融资产投资公司等金融机构发行的资产管理产品；②通过发起设立、并购、参股等方式直接进行股权投资；③将财产委托给受金融监督管理部门监管的机构进行投资。

3. 《慈善组织保值增值投资活动管理暂行办法》对可以投资的财产的界定

慈善组织可以用于投资的财产限于非限定性资产和在投资期间暂不需要拨付的限定性资产。慈善组织接受的政府资助的财产和捐赠协议约定不得投资的财产，不得用于投资。

4. 《慈善组织保值增值投资活动管理暂行办法》对投资行为风险的提示

慈善组织在投资资产管理产品时，应当审慎选择，购买与本组织风险识别能力和风险承担能力相匹配的产品。慈善组织直接进行股权投资的，被投资方的经营范围应当与慈善组织的宗旨和业务范围相关。慈善组织开展委托投资的，应当选择中国境内有资质从事投资管理业务，且管理审慎、信誉较高的机构。

5. 《慈善组织保值增值投资活动管理暂行办法》对投资行为禁止性的规定

慈善组织不得进行下列投资活动：①直接买卖股票；②直接购买商品及金融衍生品类产品；③投资人身保险产品；④以投资名义向个人、企业提供借款；⑤不符合国家产业政策的投资；⑥可能使本组织承担无限责任的投资；⑦违背本组织宗旨、可能损害信誉的投资；⑧非法集资等国家法律法规禁止的其他活动。

《慈善组织保值增值投资活动管理暂行办法》使得慈善组织可以依照其规定进行保值增值投资活动，解除了慈善组织财产保值增值的后顾之忧。

2.2　慈善监管意识的觉醒

随着改革开放的深入发展，经济多元化已经是客观事实，并且还在继续发展。社会结构发生了变化，社会已经从较为贫穷的时代进入到了一个具有一定程度的贫富差别的时代，虽然我国的社会保障体系逐步完善，但仍有一些群体需要帮助。慈善公益事业的发达程度是一个社会文明进步的标志，是实现社会保障的重要内容，也是构建和谐社会的基础之一。

2.2.1　慈善捐赠理念的确立

树立慈善理念，发展慈善事业，救助需要帮助的人口，既是化解我国在发展市场经济过程中产生的不稳定因素的重要举措，也是发扬中华民族优良传统，提升人们道德素质的重要内容。党的十六届四中全会明确提出："健全社会保险、社会救助、社会福利和慈善事业相衔接的社会保障体系。"[①]对慈善事业社会作用的认识达到了新的升华，为慈善事业的发展指明了方向。杨守金和汪继福（2006）认为："人们对慈善事业的认可是慈善事业发展的前提条件。培育国人的慈善理念，使国人从内心深处接受慈善理念，继承中华民族的仁爱思想和乐施好善的传统。加强慈善事业的研究和宣传，重视家庭教育中的慈善理念培养，使慈善变为一种自觉行为"。

我们的慈善意识之所以觉醒较晚，是因为受到封建社会的影响。我们也十分清楚，历史的传承性力量对人的意识影响是潜在的、深远的、巨大的、难以改变的；再加上我国的社会主义建设实践时间又很短，在历史的长河中几十年的时间是短而又短的瞬间，在这个历史的瞬间想改变人们的思想意识是极其困难的；而且由于经历了长期的半殖民地半封建的社会属性，人们的慈善意识不可能在短暂的时间内树立起来。

公民慈善意识的养成不仅意味着公民要意识到慈善事业的意义，还意味着公民对于捐款、监督捐款来源以及使用去向、大众问责机制等监督意识的觉醒。公民树立慈善意识意味着公民要积极主动地参与慈善事业，而不是被动地响应某个

[①]《中共中央关于加强党的执政能力建设的决定》，https://www.gov.cn/test/2008-08/20/content_1075279.htm。

捐赠行动,并且日常的善心和慈善行动比临时性的捐赠更为重要。

历史传承上,个体成员对慈善事业缺乏足够理性的认知。所以,对于发展慈善事业来讲,我们的剩余财富所有者和拥有闲暇时间的大众平时表现机会不多,对社会的回报也不能通过社会组织反映出来,只能通过个人的行为有所表现。例如,我们认为的慈善就是做好人好事或积德行善,还得需要一种恰当的时机才能表现出来。例如,2008 年南方雪灾和汶川大地震以及 2009 年的玉树地震等大灾大难时,我们的这种慈善行为得以显现,使危难时刻中国社会的捐赠财产呈前所未有的暴涨规模。2009 年捐赠财产达到 332.78 亿元,2010 年捐赠财产直接翻一番超过了 700 亿元,全国共有超过 500 万的志愿者义无反顾地奔向灾区,达到了中国慈善史的顶峰。2008 年对于慈善事业的发展来说,绝对是有纪念意义的一年。一场突如其来的地震唤醒了中国人民的慈善意识,公民慈善意识开始觉醒。结合捐赠财产运作整个过程分析,整个社会的主流意识还没有完全跟上社会发展的步伐,基本停留在传统的行善积德和做好人好事的层面,只关乎积善行德,与慈善和社会不大相关。关注公益社会的发展,关注中国社会的变革,依然是极少数的学者、非政府组织负责人心中的梦想和沙龙里的概念,与整个社会群体意识和主流意识无关。

2.2.2 捐赠财产使用社会问责意识

好人好事和传统积德行善,从古至今广为流传,但却从未触及现代化的组织管理。从好人好事转变成慈善事业的巨大进步乃至飞跃,并不是一个简单的过程。现代社会的慈善事业是以社会慈善团体的名义把捐赠财产转交给受益人,也就是说谁是捐款人或者谁是受益人双方并不清楚。现代慈善事业捐赠财产救助实行的是尊重并且严格保护受捐助人的隐私,给受捐助人以人格尊严,慈善不再是个人之间的感恩问题。所以,一对一方式的捐赠不是最好的慈善形式,也许这种方式更适合于较低层次的慈善。

所有捐赠财产的运转都要运用现代化的监管手段,而且,无论捐赠人是属于第三方组织或是个人,他们都对捐赠财产流转过程中的使用环节和所产生的结果有质疑、监督的权利。这就是现代慈善事业与传统慈善的本质差别。正是这种问责追责制度,推动了现代慈善事业发展过程中的公平、公开、公正、效率和透明。

2011 年,爆发了"郭美美事件",即网上炫富的恶劣事件,引起众怒。以此为事端,拉开了中国历史上慈善问责的序幕。

2.3 慈善组织信息公开

信用是各类慈善组织的"生命线",公开透明是慈善事业持续发展的基本要求。公众期待捐赠财产的运作公开化,不透明的慈善事业永远不会获得社会的认可。加强对从事慈善事业的组织信用管理显得尤其关键。

2.3.1 制定了促使慈善信息公开披露的一系列相关法规

《慈善法》第八章,以一章共计八条(第六十九条至第七十六条)的篇幅对慈善事业的信息公开进行了规定,完成了慈善组织信息公开制度的顶层设计,民政部随后相继出台一系列规范性文件。

1. 关于《基金会信息公布办法》

民政部对于慈善组织的信息公开问题一向非常重视,民政部早在 2006 年 1 月就实施了一部规章制度,即《基金会信息公布办法》。自此之后,一直在尝试制定一部能囊括所有慈善组织的信息公开规章。近年来,全社会对社会组织的慈善事业诚信度异常关切,对其征信工作能否"更上一层楼"有着殷切的期待。与此同时,《慈善法》也有明确规定,要求"建立慈善组织及其负责人信用记录制度"。

2. 关于《社会组织信用信息管理办法》

在 2017 年底征求意见的基础上,2018 年民政部还制定了《社会组织信用信息管理办法》,并于 2018 年 1 月 24 日公布并实施,构建了全国统一的社会组织信用信息记录和管理制度。相关的规范性文件还有《中央编办 民政部关于加强事业单位和民办非企业单位登记管理工作中信息共享与业务协同的通知》《国务院办公厅关于推进社会公益事业建设领域政府信息公开的意见》《中央编办(国务院审改办) 发展改革委 公安部 民政部 工商总局关于实行行政审批中公民、企事业单位和社会组织基本信息共享的通知》《关于推进社会组织统一社会信用代码制度建设和信息共建共享有关事项的通知》等。

《社会组织信用信息管理办法》以信用约束机制的建设为核心特征,分为五个主要内容：一是明确社会组织信用信息范畴；二是规定社会组织信用信息管理的基本原则；三是规定活动异常名录和严重违法失信名单的具体情形；四是确定信用监管的程序要求，包括认定程序、移出程序、异议处理等；五是明确守信激励和失信惩戒措施。

《社会组织信用信息管理办法》规定："社会组织信用信息包括基础信息、年报信息、行政检查信息、行政处罚信息和其他信息。"作为社会组织信用信息管理工作的负责部门，民政部门需履行以下职责：信息采集与记录、失信管理、信息公开、动态管理、信用修复、异议处理、实施奖惩。《社会组织信用信息管理办法》通过失信惩戒、守信激励，增加了惩处力度，并增加了违法成本，强化了信用约束，形成了一股迫使社会组织进行自身诚信自律建设的强大外部压力。信用良好的社会组织，将能够享有各方面的优惠待遇。例如，优先承接政府授权，优先获得政府委托事项，优先享受获得政府购买服务项目的权利，优先获得资金资助并享受政策扶持，优先获得各类表彰和奖励。

《社会组织信用信息管理办法》对社会组织的失信，按照严重程度设置了第一梯次的"活动异常名录"和第二梯次的"严重违法失信名单"，并设立了两个等级信用惩罚机制。①

具体来说，"登记管理机关应当将有下列情形之一的社会组织列入活动异常名录：（一）未按照规定时限和要求向登记管理机关报送年度工作报告的；（二）未按照有关规定设立党组织的；（三）登记管理机关在抽查和其他监督检查中发现问题，发放整改文书要求限期整改，社会组织未按期完成整改的；（四）具有公开募捐资格的慈善组织，存在《慈善组织公开募捐管理办法》第二十一条规定情形的；（五）受到警告或者不满 5 万元罚款处罚的；（六）通过登记的住所无法与社会组织取得联系的；（七）法律、行政法规规定应当列入的其他情形。"

"登记管理机关应当将有下列情形之一的社会组织列入严重违法失信名单：（一）被列入活动异常名录满 2 年的；（二）弄虚作假办理变更登记，被撤销变更登记的；（三）受到限期停止活动行政处罚的；（四）受到 5 万元以上罚款处罚的；（五）3 年内 2 次以上受到警告或者不满 5 万元罚款处罚的；（六）被司法机关纳入'失信被执行人'名单的；（七）被登记管理机关作出吊销登记证书、撤销成（设）立登记决定的；（八）法律、行政法规规定应当列入的其他情形。"

一旦社会组织被列入严重违法失信名单，该社会组织将同时被列为重点监督管理对象。对其权利、资格的限制和影响，将是深刻而广泛的，甚至会影响其购买服务、资金资助、等级评估和授予荣誉。

---

① 《社会组织信用信息管理办法》，https://www.gov.cn/gongbao/content/2018/content_5288822.htm。

3. 关于《关于对慈善捐赠领域相关主体实施守信联合激励和失信联合惩戒的合作备忘录》

按照《社会组织信用信息管理办法》规定，登记管理机关对于其登记管理的社会组织在自身管理权限范围内进行信用管理，那么，由 40 个部门和单位联合签署的《关于对慈善捐赠领域相关主体实施守信联合激励和失信联合惩戒的合作备忘录》（简称《备忘录》），则表明社会信用管理总体范畴包括了慈善领域。

《备忘录》包括以下内容。

（1）对于信息共享与联合激励、联合惩戒的实施方式，有如下规定："民政部和其他有关部门通过全国信用信息共享平台向签署本备忘录的相关部门提供守信联合激励与失信联合惩戒的名单及相关信息，并按照有关规定动态更新。同时，在'信用中国'网站、'慈善中国'网站、国家企业信用信息公示系统、民政部门户网站等向社会公布。各部门从全国信用信息共享平台中获取守信联合激励与失信联合惩戒信息，执行或协助执行本备忘录规定的激励和惩戒措施，定期将联合激励与惩戒实施情况通过该系统反馈给国家发展改革委和民政部。"

（2）对于守信联合激励的对象，有如下规定："守信联合激励的对象有两类，一是在民政部门依法登记或认定、评估等级在 4A 以上的慈善组织（以下简称'守信慈善组织'）；二是有良好的捐赠记录，以及在扶贫济困领域有突出贡献的捐赠人，包括自然人、法人和非法人组织（以下简称'守信捐赠人'）。同时，联合激励的对象必须是全国信用信息共享平台核查信用优良的自然人、法人或非法人组织，即无不良信用记录，不属于黑名单、重点关注名单对象。"

（3）对于守信联合激励的措施，有如下规定："1、为守信慈善组织登记事项变更、相关业务办理建立绿色通道，提供便利服务。（实施单位：民政部）2、'中央财政支持社会组织示范项目'在同等条件下，优先向守信慈善组织倾斜。（实施单位：民政部）3、在同等条件下，优先向守信慈善组织购买服务，并为守信慈善组织承接政府购买服务项目提供指导。（实施单位：民政部、各有关部门和单位）4、在同等条件下，优先推荐参加'中华慈善奖'、'先进社会组织'评选。（实施单位：民政部）5、为守信捐赠人申请入住公办养老机构提供便利服务。（实施单位：民政部）6、在孤儿收养中，作为判断收养人家庭收养能力的一个因素。（实施单位：民政部）7、在婚姻、殡葬、社会救助、优抚安置等服务中为守信捐赠人提供便利服务。（实施单位：民政部）8、依法享受税收优惠。企业发生的公益性捐赠支出，在年度利润总额 12% 以内的部分，准予在计算应纳税所得额时扣除；超过年度利润总额 12% 的部分，准予结转以后三年内在计算应纳税所得额时扣除。（实施单位：税务总局、财政部）9、作为纳税信用评价的重要外部参考。（实施单位：税务总局）10、在实施政府性资金项目安排时，同等条件下优先考虑。（实施单位：财政部、国家发展改革委）11、将守信记录纳入金融信用信息基础数据库，作为银行业金融机构融资授信的重要参考。（实施单位：人民银行、银监会）12、守信捐赠人的纳税信用级别为 A 级的，可一次领取不超过 3 个月的增值税发票用量；纳税信用级别为 B 级的，可一次领取不超过 2 个月的增值税发票用量。以上两类纳税人生产经营情况发生变化，需要调整增值税发票用量，手续齐全的，按照规定即时办理。普通发票用量，税务机关可根据领购单位和个人的经营范围、规模、守信情况，合理确定领购发票数量。（实施单位：税务总局）13、以下便利优化措施，适用于海关企业信用等级为认证企业的守信慈善组织或者捐赠人：（1）适用较低进出口货物查验率；（2）简化进出口货物单证审核；（3）优先办理进出口货物通关手续；（4）海关优先设立协调员，解决进出口通关问题；（5）享受 AEO 互认国家或地区海关提供的通关便利措施。海关企业信用等级为一般信用企业的守信慈善组织或者捐赠人，海关优先对其开展信用培育或提供相关培训。（实施单位：海关总署）。14、用于慈善活动的捐赠物资适用较低的检验检疫口岸查验率。（实施单位：质检总局）15、在办理中小城市落户或者大城市居住证等方面，为守信捐赠人提供便利服务。（实施单位：公安部）16、在专利申请、版权登记、诉讼维权等方面提供法律允许范围内的优先、加快服务。（实施单位：知识产权局、新闻出版广电总局、贸促会）17、办理社保等业务时给予提前预约、优先办理、简化流程等必要便利。（实施单位：人力资源社会保障部）18、参加政府招标供应土地时，同等条件下优先给予考虑。（实施单位：国土资源部）19、办理环境影响评价文件审批等环境保护许可事项中提供便捷服务。（实施单位：环境保护部）20、作为全国性奖励评估、评优表彰重要参考。（实施单位：中央文明办、国务院扶贫办、全国总工会、共青团中央、全国妇联、中国科协及其他有关部门）21、在学习培训、公派出国等方面，同等条件下优先选择守信捐赠人。（实施单位：教育部、人力资源社会保障部）22、在举办和组织企业参加经贸展览会、论坛、洽谈会及有关国际会议时给予优先考虑。（实施单位：贸促会）23、在法律顾问、商事调解、经贸和海事仲裁等方面优先提供咨询和支持。（实施单位：司法部、贸促会）24、鼓励博物馆、科学技术馆、公共图书馆、文化馆、美术馆、体育场馆等公共文化体育设施和公园、旅游景点等场所，给予免票游览、使用或票价优惠等服务。（实施单位：文化部、旅游局、体育总局、文物局、中国科协）25、鼓励城市交通系统给予购票优惠政策。（实施单位：交通运输部）26、鼓励航空公司推行'诚信机票'计划，提供优先服务、'信用购票'等便利措施和优惠政策。（实施单位：民航局）。"

（4）对于联合激励的动态管理，有如下规定："各部门和单位通过全国信用信息共享平台获取联合激励对象名单，执行或者协助执行本备忘录规定的激励措施，并根据实际情况将执行情况通过全国信用信息共享平台反馈至国家发展改革委和民政部。各单位在日常监管中，发现联合激励对象存在慈善捐赠领域违法失信行为的，及时通过全国信用信息共享平台，反馈至国家发展改革委和民政部。一经核实，立即取消其参与守信联合激励资格并及时通报各单位，停止适用守信联合激励措施。"

（5）对于失信联合惩戒的对象，有如下规定："联合惩戒对象为在慈善捐赠活动中有失信行为的相关自然人、法人和非法人组织。其中包括：（1）被民政部门按照有关规定列入社会组织严重违法失信名单的慈善组织（以下简称'失信慈善组织'）。（2）上述组织的法定代表人和直接负责的主管人员。（3）在通过慈善组织捐赠中失信，被人民法院依法判定承担责任的捐赠人（以下简称'失信捐赠人'）。（4）在接受慈善组织资助中失信，被人民法院依法判定承担责任的受益人（以下简称'失信受益人'）。（5）被公安机关依法查处的假借慈善名义或假冒慈善组织骗取财产的自然人、法人和非法人组织。"

（6）对于失信联合惩戒的措施，有如下规定："1、对失信慈善组织，按照有关规定降低评估等级，情节严重的，取消评估等级。（实施单位：民政部）2、取消或限制取得公益性捐赠税前扣除资格和优先获得政府购买服务、政府奖励资格。（实施单位：民政部、财政部）3、失信慈善组织负责人，在其今后申请新的慈善组织、参与慈善活动事中事后监管中给予重点关注。（实施单位：民政部、教育部、文化部、环境保护部等有关部门）4、捐赠人捐赠本企业产品不符合安全、卫生、环保等标准的，依法追究其产品安全责任。（实施单位：工商总局、卫生计生委、质检总局、食品药品监管总局等有关监管部门）5、依法限制作为供应商参加政府采购活动。（实施单位：财政部）6、在申请政府性资金支持时，采取从严审核、降低支持力度或不予支持等限制措施。（实施单位：财政部、国家发展改革委）7、限制取得政府供应土地。（实施单位：国土资源部）8、依法对申请发行企业债券不予受理；依法限制发行公司债券；限制注册非金融企业债务融资工具，并按照注册发行有关工作要求，强化信息披露，加强投资人保护机制管理，防范有关风险；在股票发行审核及在全国中小企业股份转让系统挂牌公开转让审核中，将其严重失信信息作为重要参考。（实施单位：国家发展改革委、证监会、人民银行）9、引导金融机构按照风险定价原则，将失信主体相关信息作为银行授信决策和信贷管理的重要参考，对失信主体提高财产保险费率。（实施单位：人民银行、银监会、保监会）10、在上市公司或者非上市公众公司收购的事中事后监管中予以重点关注。将其失信行为作为境内上市公司实行股权激励计划或相关人员成为股权激励对象事中事后监管的参考。将其失信行为作为非上市公众公司重大资产重组审核的参考。（实施单位：证监会）11、限制申请科技扶持项目，将其严重失信行为记入科研诚信记录，并依据有关规定暂停审批其新的科技项目扶持资金申报等。（实施单位：科技部）12、相关单位可在市场监管、现场检查等工作中予以参考。（实施单位：民政部、工商总局、税务总局、质检总局、食品药品监管总局）13、失信主体申请适用海关认证企业管理的，不予通过认证；已经成为认证企业的，按规定下调企业信用等级。（实施单位：海关总署）14、失信主体办理海关业务时，对其进出口货物实施严密监管，加强单证审核、布控查验、加工贸易担保征收、后续稽查或统计监督核查。（实施单位：海关总署）15、在高新技术企业认定、检验机构认可等工作中作为重要参考。（实施单位：科技部、质检总局等有关单位）16、失信受益人信息作为在同一时段内认定低保、医疗救助、临时救助等社会救助对象、保障性住房等保障对象，以及复核其救助保障资格的重要参考。（实施单位：民政部、人力资源社会保障部、住房城乡建设部）17、失信情况记入金融信用信息基础数据库，作为限制融资或授信的重要参考。（实施单位：人民银行等有关机构）18、对申请人民法院强制执行的案件当事人，被人民法院按照有关规定依法采取限制消费措施或依法纳入失信被执行人名单的，限制乘坐飞机、列车软卧、G字头动车组列车、其他动车组列车一等以上座位等高消费及其他非生活和工作必需的消费行为。（实施单位：最高人民法院、民航局、铁路总公司等有关单位）19、限制购买非经营必需车辆等非生活和工作必需的消费行为。（实施单位：住房城乡建设部等有关部门）20、限制失信慈善组织从事互联网信息服务。（实施单位：工业和信息化部、民政部）21、将其失信行为作为证券公司、基金管理公司、期货公司的设立及股权或实际控制人变更审批或备案，私募投资基金管理人登记、重大事项变更以及基金备案的参考。将其失信行为作为独立基金销售机构审批的参考。将其失信行为作为证券公司、基金管理公司、期货公司、保险公司的董事、监事和高级管理人员及分支机构负责人任职审批或备案的参考，对其证券、基金、期货从业资格申请予以从严审核，对已成为证券、基金、期货从业人员的相关主体予以重点关注。（实施单位：证监会、保监会）22、限制取得荣誉称号和奖励，已取得的荣誉称号和奖励予以撤销。（实施单位：中央文明办、国务院扶贫办、全国总工会、共青团中央、全国妇联、中国科协及其他有关部门）23、将失信主体的失信信息协调互联网新闻信息服务单位，向社会公布。（实施单位：中央网信办）24、限制其取得认证机构资质；限制其获得认证证书。（实施单位：质检总局）。”

（7）对于联合惩戒的动态管理，有如下规定：“民政部、国家发展改革委通过全国信用信息共享平台向签署本备忘录的其他部门和单位提供慈善捐赠领域失信责任主体信息并按照有关规定动态更新。有关单位根据各自的法定职责，按照法律法规和相关规定实施惩戒或解除惩戒。超过效力期限的，不再实施联合惩戒。同时，逐步建立惩戒效果定期通报机制，相关部门根据实际情况定期将联合惩戒的实施情况通过全国信用信息共享平台反馈至国家发展改革委和民政部。"

（8）关于其他事宜，规定如下："各部门应密切协作，积极落实本备忘录，制定实施细则和操作流程。本备忘录签署后，各部门、各领域内相关法律、法规、规章及规范性文件修改或调整，与本备忘录不一致的，以修改后的法律、法规、规章及规范性文件为准。实施过程中具体操作问题，由各部门协商解决。"①

总之，《备忘录》的签署，使得总体上对慈善捐赠和慈善组织的鼓励有了新手段，对规范慈善活动、惩处慈善领域的违法违规行为有了新办法。

初步建立起慈善捐赠财产领域信用激励与惩戒机制以及信息共享机制，将慈善捐赠财产信用状态纳入社会信用体系范畴，从社会治理、市场监管等多个不同方面对慈善捐赠领域的有关主体进行联合激励和惩戒，为信用体系建设提供了强有力的支撑。

据悉，民政部据此已经采取了多批次联合激励和惩戒行动，并大力提倡、推动慈善公益组织牢记使命，增强诚信自律意识。慈善捐赠财产捐助失信行为也作为专项治理的重点，并加大执法监督力度，对慈善募捐活动中出现的违法、违规行为，以及假借、盗用慈善名义开展的各种形式非法活动都进行了认真和严肃查处，震慑了一小撮不法分子。"欲知平直，则必准绳；欲知方圆，则必规矩。"实践证明，只有套牢监管笼头，把规矩挺在前面，才能真正确保互联网公益不剑走偏锋。就目前互联网公益诈捐乱象堪忧的现状而言，应切实加快监管制度建设，对公益流程、信息公开、平台监管责任主体和风险提示等做出一揽子可供操作的具体规定，同时建立和实施红黑名单制度，着力引导求助人守诚信、讲自律，加大对不诚信行为的联合惩戒力度，切实有效防范爱心被忽悠。

民政部还建立了"信用中国"网站，网站向社会公众提供一站式信用信息的查询服务，联合惩戒和联合激励的对象名单的信息都可以在"信用中国"网站上进行查询。

在民政部社会组织管理局直接组织召开的慈善信用联合激励惩戒合作备忘录座谈会上，与会专家一致认为，《备忘录》建立的三个清单和四种机制，是《慈善法》实施以来全面提升慈善事业整体发展水平的重要制度安排。基金会代表认为，信用激励和惩戒是税收优惠之外又一项激励慈善事业发展的重要手段，对引导和规范慈善行为，营造积极向上的慈善环境影响深远。

---

① 《关于对慈善捐赠领域相关主体实施守信联合激励和失信联合惩戒的合作备忘录》，https://www.gov.cn/zhengce/zhengceku/2018-12/31/5435033/files/b9251397123d4c95944fed6c476e145e.pdf。

4. 关于《慈善组织信息公开办法》

《慈善法》制定之后，涉及慈善组织信息公开及披露边界的相关规章制度与采取的应对措施也相继出台，这些都是信息社会发展的必然结果。信息社会发展到今天，面对慈善信息公开而引发的各类纠纷增多的现状，包括有关慈善捐赠信息发布平台的信息建设，也全部都是紧紧围绕慈善组织公开信息展开的。

我们必须明确的重要事项是：透明度与透明度过度是不同的。捐赠人对于账目的查询仅限于自己捐赠财产的使用和保管情况，并不是每一个公民都可以到基金会查账。信息公开化需要解决信息公开的边界，否则，就做不到正常地保障捐赠人和受赠人权益，还有可能侵犯捐赠人和受赠人的隐私。

2011 年以来，我国慈善组织的透明度整体上逐渐提升，截至 2020 年 5 月 22 日，在慈善中国信息平台上，共有 6386 个基金会发布信息公告。根据《中国慈善透明报告 2011》[①]的资料得知，通过互联网监测的一共有 191 家慈善会，其中有 68 家公布了慈善会章程，占比达到 35.6%；比较而言，被监测的 220 家公募基金会中有 122 家公布了章程，占比达到 55.5%。

为了贯彻并落实《慈善法》规定的有关慈善组织信息公开的法律义务，2017 年民政部起草了《慈善组织信息公开办法（征求意见稿）》，从此以后开门立法，向社会各界广泛征求意见。《慈善组织信息公开办法（征求意见稿）》对慈善组织信息公开的内容、原则、时限、渠道、监督和法律责任均给出了规定性意见和建议。经过一系列的努力工作后，《慈善组织信息公开办法》已经于 2018 年 9 月 1 日起正式实施。《慈善组织信息公开办法》的正式出台，标志着我国慈善事业发展又迎来了法治化的一份重要配套法律规范文件。《慈善组织信息公开办法》对慈善事业信息公开化做出了科学的规范。《慈善组织信息公开办法》明确规定："慈善组织应当依法履行信息公开义务，信息公开应当真实、完整、及时。慈善组织应当建立信息公开制度，明确信息公开的范围、方式和责任。"

《慈善组织信息公开办法》明确要求："慈善组织应当依照有关法律法规和本办法规定，在民政部门提供的统一的信息平台（以下简称统一信息平台），向社会公开下列信息：（一）本办法规定的基本信息；（二）年度工作报告和财务会计报告；（三）公开募捐情况；（四）慈善项目有关情况；（五）慈善信托有关情况；（六）重大资产变动及投资、重大交换交易及资金往来、关联交易行为等情况；（七）法律法规要求公开的其他信息。"

《慈善组织信息公开办法》还明确规定："慈善组织在设立慈善项目时，应当在统一信息平台公开该慈善项目的名称和内容，慈善项目结束的，应当公开有关

---

① 《中国慈善透明报告 2011》，https://www.doc88.com/p-0963206053320.html。

情况。具有公开募捐资格的慈善组织为慈善项目开展公开募捐活动的，还应当公开相关募捐活动的名称。慈善项目由慈善信托支持的，还应当公开相关慈善信托的名称。"

另外，《慈善组织信息公开办法》规定，慈善组织"关联交易等行为发生后30日内，应当在统一信息平台向社会公开具体内容和金额"。

《慈善组织信息公开办法》还设定了不予公开信息的情况："涉及国家秘密、商业秘密、个人隐私的信息以及捐赠人、志愿者、受益人、慈善信托的委托人不同意公开的姓名、名称、住所、通讯方式等信息，不得公开。"[①]

从慈善组织长期发展的角度看，法律规定的慈善组织信息披露制度，能够使慈善组织取得较高的公信力，最终有利于慈善组织的发展。

2.3.2 信息公开法律法规落实

2018年《社会组织信用信息管理办法》出台，受到慈善组织、基金会等行业的支持。对于慈善组织工作人员十分关心的责任问题，《社会组织信用信息管理办法》给出了回应。社会组织的快速发展，对加强事中、事后监管提出了新的要求。党的二十大报告指出："转变政府职能，优化政府职责体系和组织结构，推进机构、职能、权限、程序、责任法定化，提高行政效率和公信力。"[②]信用是经济社会发展的重要基础，是社会治理的重要手段，是推进"放管服"改革，实现行政监管、组织自律与社会监督有效结合的重要抓手。中共中央办公厅、国务院办公厅印发的《关于改革社会组织管理制度促进社会组织健康有序发展的意见》提出，建立社会组织"异常名录"和"黑名单"，加强与有关部门的协调联动，将社会组织的实际表现情况与社会组织享受税收优惠、承接政府转移职能和购买服务等挂钩；《慈善法》规定"应当建立慈善组织及其负责人信用记录制度"；《社会组织登记管理条例》也将信用监管纳入其中，这些都为社会组织信用管理提供了法律依据和政策支撑。社会组织法人库、信用信息平台等信息化建设不断推进，为信用管理提供了技术支撑。部分地方民政部门立足当地实际，对社会组织信用监管进行了有益探索，为《社会组织信用信息管理办法》的制定提供了实践经验。民政部在加快基础建设和总结地方实践的基础上，落实中央文件和法律法规的要求，立足构建全国统一的社会组织信用信息记录和管理制度，制定出台了《社会组织信

---

① 《慈善组织信息公开办法》，https://www.gov.cn/xinwen/2018-08/09/content_5312690.htm。
② 《习近平：高举中国特色社会主义伟大旗帜　为全面建设社会主义现代化国家而团结奋斗——在中国共产党第二十次全国代表大会上的报告》，https://www.gov.cn/xinwen/2022-10/25/content_5721685.htm。

用信息管理办法》。

地方相关配套条例也在 2018 年密集出台。2018 年 3 月 1 日,《江苏省慈善条例》正式实施。条例率先立法规范个人求助,进一步对个人求助的范围、义务和媒体的义务进行法律规范。条例第十九条规定:"个人为了解决本人、家庭成员或者近亲属的困难,可以向慈善组织或者所在单位、城乡社区组织求助,也可以向社会求助。求助人应当对求助信息的真实性负责,不得虚构事实、夸大困难骗取他人捐赠。个人通过广播、电视、报刊以及网络服务提供者、电信运营商发布求助信息的,广播、电视、报刊以及网络服务提供者、电信运营商应当向公众进行风险防范提示,告知其信息不属于慈善公开募捐信息,真实性由信息发布个人负责。广播、电视、报刊以及网络服务提供者以宣传报道的形式为个人求助提供帮助的,应当对信息的真实性进行核实。"①《浙江省实施〈中华人民共和国慈善法〉办法》于 2019 年 1 月 1 日起施行。办法突出改革导向,降低准入门槛,实行网上办理,优化办理流程,整合办理材料,减少办理环节,缩短办理时限等,首次以法律的形式明确省人民政府设立"浙江慈善奖",每三年评选表彰一次。鼓励互联网公开募捐平台、慈善组织运用云计算、大数据等技术,创新和拓宽公募活动的载体和形式。

为适应时代发展的要求,我国对《慈善法》进行了适当的修改。习近平同志指出:"每个时代总有属于它自己的问题,只要科学地认识、准确地把握、正确地解决这些问题,就能够把我们的社会不断推向前进。"②并强调坚持对原则问题旗帜鲜明、发展问题方向清晰、难点问题明确回答、实际问题重点解决。③对照 2016 年 9 月 1 日施行、2023 年 12 月 29 日第十四届全国人大常委会第七次会议修改,并将于 2024 年 9 月 5 日施行的《慈善法》,人们发现,无论是修改完善该法的过程,还是修改通过后的法律文本,都贯彻落实了习近平新时代中国特色社会主义思想中蕴含的"必须坚持问题导向"的世界观和方法论。坚持问题导向,能够帮助我们理解好修改后的慈善法为什么要作这样的修改,而不是作别样修改的道理,同时对我们在今后的实践中贯彻实施好该法具有重要的指导意义。

由此可见,全社会都重视并将慈善组织信息公开化作为重大任务来完成。

---

① 《江苏省慈善条例》, http://www.jsrd.gov.cn/zt/d_9014/lf/sjfg/201712/t20171219_482024.shtml。

② 《坚持问题导向(思想纵横)——深刻学习领会"六个坚持"之四》, http://theory.people.com.cn/n1/2022/1122/c40531-32571448.html。

③ 《抓好"四个到位"切实提高主题教育质量》, http://theory.people.com.cn/n1/2019/0822/c40531-31309717.html?ivk_sa=1023345p。

2.4   网络慈善募捐兴起

党的十八大以来，特别是 2016 年《慈善法》颁布、实施以来，借力"互联网+"，我国慈善事业迅速发展，"互联网+"慈善在营造共建共治共享的社会治理格局中发挥了重要作用。在监管部门的严管、督查和厚爱之下，中国的网络慈善募捐发展迅猛、蒸蒸日上，使中国成为雄踞全球网络慈善领域的佼佼者。在民政部举行的新闻发布会上，民政部慈善事业促进和社会工作司副司长孟志强介绍我国的网络募捐情况时说，我国已经成为全球网络慈善的引领者。如下一组数据支撑这一说法，即 2018 年中国网民点击、关注和参与慈善的，已经超过 84.6 亿人次，甚至一些基金会的网络募捐资金已经占到捐赠财产总收入的 80%以上。在这些网络募捐中，2018 年腾讯公益慈善基金会组织开展了"99 公益日"活动，超过 2800 万人踊跃捐款，数额高达 8.3 亿元，另外，再加上腾讯等企业的配套捐款，活动总共获得捐赠财产 14.14 亿元，一共支持了 5498 个慈善项目。

无论是弱势群体求助者还是慈善捐赠者，近几年来，有些人开始选择网络募捐。作为一种新兴的捐赠财产方式，网络募捐之所以被社会各界广泛接受，在很大程度上是因为网络募捐具有自身的优势，与传统募捐形式相比较，其影响面更加广泛，传播速度更快，便捷程度更高，募捐成本更低等。

2.4.1   个人募捐与个人求助

个人募捐与个人求助的关系。募捐是为不特定的群体寻求捐赠财产。个人募捐不是为特定群体而展开的行为，不具有公益目的，只是为获取私人利益。个人募捐就是个人求助。个人求助是为私人利益在线上或者线下都可以进行的乞求他人施舍帮助个人的行为，从而达到获取资金的目的。个人不可以进行慈善募捐，但是，个人可以求助，进而获得受赠的财产。求助不属于法律问题，纯属个人行为，是一个简单的乞求受赠行为；募捐不是简单的受赠行为，是一个法律概念，世界上许多国家和地区都不承认个人募捐。

学者基本上都认可这样的概念，即募捐本质上必须具有利他性，与此相反，个人募捐本质上是出于利己的目的。清华大学贾西津（2017）认为："对于慈善募捐，《慈善法》首先将慈善募捐定义为慈善组织的一种行为；继而规定慈善组织开展公开募捐应当取得公开募捐资格，该资格是在慈善组织满足一定条件后，向其登记的民政部门申请，由民政部门审批后准予的；对于获得资格的公开募捐行为，法律规定了募捐方式、募捐地域、信息平台、募捐行为规范等要求，同时对不具有公开募捐资格的组织或者个人，规定可以与具有资格的组织合作开展公开募捐，否则属于违法。"

也许有人认为网络募捐不应该受限。但是有一点是能够肯定的，慈善募捐包括线上和线下两种形式。线下不可以进行个人募捐，同样线上也不可以进行个人募捐。个别媒体发布新闻采访而导致的个人获得捐款是否属于募捐？对于这个问题的回答同样是否定的。原因在于新闻媒体也不具备募捐的资格，至于媒体报道所产生的捐赠财产，本质上也属于变相的个人求助，只不过是通过媒体这个中介而已。

那么，个人是否可以在网上求助？答案是肯定的，完全可以。在网上个人可以发布求助信息，这是公民的权利。《慈善法》没有明文规定限制此项权利。经过官方认证的网络平台也仅能做到帮助捐款者筛选掉一部分个人经由非正规渠道发布的个人求助信息，而且《慈善法》仅规定慈善组织发起网络募捐活动，必须通过指定的慈善网络信息平台，并没有限定以个人名义发起的网络个人救助行为。即便《慈善法》第二十六条提到："不具有公开募捐资格的组织或者个人基于慈善目的，可以与具有公开募捐资格的慈善组织合作，由该慈善组织开展公开募捐并管理募得款物。"该规定明显没有限定个人经由其他渠道在网络上以个人名义发布求助信息的权利。所以，应该可以从逻辑上推导出以下结论：在网络上，个人求助可以放心、大胆地去做。虽然这样可能导致不法分子在网络假借个人救助的名义，发布混淆视听的虚假信息，从而导致网络骗捐事件层出不穷，但是我国的法治原则为：对于公民，法无禁止即可为；对于政府，法无授权不可为。

个人求助与合法募捐的冲突由来已久。就《慈善法》的规范程度和范围而言，慈善信息平台究竟拥有什么样的权利和应该担负什么样的义务，《慈善法》规定得并不十分明确。《慈善法》仅指定了慈善信息平台为符合资质的公募慈善组织在网络开展公开募捐活动提供一个虚拟场所，慈善信息平台搭建的也只是一个公开募捐平台，并没有进一步解释这个虚拟的慈善信息平台面临的其他问题。因此，当有组织或者个人故意发出虚假的求助信息，并想尽办法和利用一切手段，将个人求助信息发布到具有公开募捐资格的慈善信息平台，即便是符合资质的慈善信息募捐平台，从原则上讲，也没有义务对包括虚假信息在内的所有信息进行调查审核。现在的问题是需要进一步规范个人求助。现在，已经有个别省份开始制定细则，规范个人求助。即便如此，在民政部指定的有资质的慈善信息平台上，依然可能发生网络骗捐事件。

用发展的眼光看中国社会的慈善事业，我们更应该专注于慈善组织的正规网络捐赠平台。这就要求我们加强网络信息的审查，把网络捐赠平台建设得好一些。

2.4.2 加强网络募捐平台的建设

伴随飞速发展的移动互联网技术和快速普及的网上支付手段，以及由于公众认知能力尚待提升、尚未健全和缺少配套的法律制度等种种原因，利用网络个人求助进行募捐的诈骗事件屡屡发生。网络慈善募捐规范和监管任务的落实工作迫在眉睫。

为了减少骗捐事件的发生，进一步规范网络慈善募捐行为，《慈善法》明确规定："慈善组织通过互联网开展公开募捐的，应当在国务院民政部门统一或者指定的慈善信息平台发布募捐信息，并可以同时在其网站发布募捐信息。"

为了配合《慈善法》有关网络平台慈善募捐的规定，以及民政部、工业和信息化部、国家新闻出版广电总局、国家互联网信息办公室联合印发的《公开募捐平台服务管理办法》，民政部公布实行了两项行业技术标准，它们分别是《慈善组织互联网公开募捐信息平台基本技术规范》和《慈善组织互联网公开募捐信息平台基本管理规范》。以上两个行业技术标准用于规范慈善组织在互联网进行公募的行为。这两个行业技术标准自 2017 年 8 月 1 日起正式实施。民政部发布的上述两项标准，也成为慈善信息平台建设的重要技术指标，并以此作为国家标准，推动互联网公募平台的建设。

《慈善法》使用"指定"一词，很有可能会造成一种困境，就是执法者在执法时产生认知歧义。"指定"一词没有明确慈善信息平台的行为是何种属性。这种行为是基于行政许可、行政委托合同，还是行政确认行为？对这些认知困境，民政部门应该给出明确的答复，但是却没有回答。根据《民政部办公厅关于遴选慈善组织互联网公开募捐信息平台的通知》，对平台遴选的程序的指定行为，类似于委托合同，民政部门组织互联网领域专家、网信部门代表、新闻传媒代表、社会组织领域代表或专家共同组成评审委员会，对参与遴选建设的互联网信息平台进行联评。最终民政部指定首批 13 家作为遴选建设的信息平台，然而入选的 13 家互联网信息平台基础设施参差不齐。按照两个基本规范要求，在后续遴选信息平台，包括首批入选平台都要符合规范的标准，这就意味着入选的 13 家平台，如果达不到标准，就必须改进。这种改进要求慈善信息平台，既要提供平台的信息发布功能，也要提供募捐服务信息平台的功能，这种平台建设标准与《慈善法》的相关规定似乎不太符合，有学者对此提出异议。

网络公开募捐与其他募捐有很大不同。在互联网中慈善信息平台提供的服务，与其他媒体相比截然不同。传统的慈善公募行为，无论是通过电视、广播，还是报刊的渠道，相比较而言，其信息发布采用的是实体媒介方式，其募捐资金是通过传统的方式实现转移并交付的，公募的捐赠资金需要直接汇款给公募慈善组织的专用账号才能够实现捐赠的运作过程。而互联网公募平台完全可以通过新的第三方支付来实现，即先把捐赠财产打入平台账户，然后再由平台转付给公募慈善组织。网络公募与传统的慈善募捐过程不同，其运作模式类似于购物平台，操作起来有正反双向作用。好处在于，易于控制；难处在于，处理不好相互之间的关系，会造成捐赠者、受赠者以及网络捐赠平台彼此之间的信息关系不好处理。所以，完全有必要对网络慈善公募信息平台重新进行全面、清晰的界定，以适应互联网募捐的未来发展。

鉴于此，两个标准规范文件出台之后，民政部办公厅于 2018 年 1 月 4 日发布《关于遴选第二批慈善组织互联网公开募捐信息平台的通知》，在平台遴选的基本原则不变的情况下，完善了遴选的程序。通过专家委员会评审、相关部门征求意见等程序，经社会公示，指定美团公益、滴滴公益、善源公益、融 e 购公益、水滴公益、苏宁公益、帮帮公益、易宝公益、中国社会扶贫网[①]9 家平台为第二批慈善组织互联网公开募捐信息平台。

另外，民政部、中国红十字会总会联合发布了《关于红十字会开展公开募捐有关问题的通知》，"根据《中华人民共和国慈善法》《中华人民共和国红十字会法》的有关规定，现将红十字会开展公开募捐有关问题通知如下：一、红十字会开展公开募捐，应当向同级民政部门申领公开募捐资格证书，民政部门直接向红十字会发放公开募捐资格证书。二、红十字会开展公开募捐活动前，应当依法制定募捐方案，并按照有关规定报同级民政部门备案。三、红十字会通过互联网开展公开募捐活动，应当在民政部统一或者指定的信息平台发布募捐信息。四、红十字会应当定期在民政部统一的信息平台发布公开募捐及其使用情况，每年向同级民政部门报送社会捐赠及其使用情况并及时向社会公开。五、民政部门依法对红十字会接受社会捐赠及其使用情况进行监督。"[②]

"慈善组织互联网公开募捐信息平台"遴选工作的完成，标志着我国网络公募已经步入规范化管理阶段。对于公募慈善组织来说，募捐资金活动通过平台统一的标准化信息发布流程，将助力于慈善组织规范其发布募捐信息的流程。能够保证慈善组织尽最大的可能把募捐相关信息真实、透明地披露出来。公众如果认识到慈善组织透露的信息真实、可靠，慈善组织就能达到获得更多捐赠

---

① 2021 年，全国脱贫攻坚战取得全面胜利，为进一步巩固拓展脱贫攻坚成果，接续推动脱贫地区发展和乡村全面振兴。中国社会扶贫网更名为中国社会帮扶网。

② 《关于红十字会开展公开募捐有关问题的通知》，https://www.gov.cn/xinwen/2017-09/11/content_5224285.htm。

基金的目的。另外，对于捐赠者来说，在民政部认证的平台上，完全能够做到借助平台自身的公信力，达到降低其辨别募捐信息真实性的难度。信息平台公开承诺，捐款者所捐赠的资金，直接进入公募慈善组织银行专用账户或第三方支付账户。从功能上促进捐赠对接，直接降低了捐赠财产落入非法的个人账户的可能性。

完善网络募捐还需要政府相关部门、捐赠者、接受捐助者、慈善组织和社会大众等多方参与，才能够逐步发展。目前，具体的工作可以从以下几个方面展开。

第一，政府要完善法律法规。政府需要进一步完善对捐赠财产监管的法律、法规，尽快建设现有信息平台的捐赠财产监管机制，同时对于后续信息平台加入慈善信息平台的准入确立明确标准。已通过遴选的平台，也需要进一步明确他们的应有权利和应尽的义务。同时政府也要认真研究平台的建设和维护问题，需要同社会各界商讨平台收取费用的标准。

第一批已经通过遴选的 13 家慈善信息平台中，已经有 1 家退出，民政部应该开展定期资格复查，以便确保平台仍然能够符合相关指标的要求。建立动态遴选慈善信息平台的制度，采取可持续使用的平台准入机制，把遴选标准公开，建立慈善信息平台公平竞争的机会均等体制。这样的好处是：未进入遴选的平台有机会加入到慈善信息平台；给现有的慈善信息平台以必要的竞争压力，促使其强化服务意识，提高其业务水平，避免垄断的形成；现有平台的服务压力需要进一步降低，多增加一些平台，公募慈善组织的信息就有可能及时地发布出去，慈善组织在网络上就会增加一次被公众认知的机会。

第二，慈善信息平台要加强内部自律。慈善信息平台在直接面对公众的情况下，更需要做好公募慈善组织自查自律的内部监管工作，提升自身公信力，以便获得公众的充分认可。慈善信息平台内部自律工作，也需要政府、舆论、新闻媒体和法律的外在强化。慈善信息平台也需要成立行业组织，成立自律联盟，不断完善自我约束机制。接受捐赠者和公众的建议。平台对涉及自身的工作信息要在平台上及时公布，比如对慈善信息核实的流程、对慈善信息发布的要求、捐赠财产的流向和捐赠财产众筹的规则等。

第三，慈善组织要完善慈善项目设计。慈善组织在切实利用好慈善信息平台，期望获得更多的捐赠财产问题上，需要重点把握慈善项目设计。获得公募资格的慈善组织有很多，但是，不同慈善组织所获得的捐赠财产会有很大不同。慈善项目是否获得网络群体支持的最终衡量指标，在于慈善项目的设计是否能够在网民心中产生影响力，更在于所开展的慈善项目是否能够取得实际效应。在这个问题上，慈善组织真的需要好好学习一下市场营销学的相关方法，记得有营销学高手说过一句话，最好的营销就是能让你的产品深入到消费者的心中，这样才能使消费者自觉地购买你的产品。同样的情况是，慈善项目设计如果能深入人心，打动人们的心灵，让人们心中向往慈善组织设计的慈善项目，即使不通过平台进行网络募捐，最终也会吸引捐赠者的支持，当然，通过平台进行网络募捐，慈善项目将能够获得更多的捐赠财产。所以，慈善组织通过平台进行慈善网络募捐的时候，要通过网络思维的方式思考网络募捐问题，更应该把关注的方向重点转移到慈善项目具体设计方案上来，方案设计要有足够的可行性，规划设计的方案必须要能在网络世界形成效益和影响力，吸引更多网络群体，慈善项目要能够解决相应的社会问题。如果以为有公开募捐资格就可以在平台上进行互联网募捐，就可以获得更多捐赠财产，那就大错特错了。

第四，变个人求助为合法的慈善募捐。个人求助虽然可以在网络上以个人的名义进行，但是并不是所有的个人求助都能获得成功。较好的办法就是个人求助可以演化为合法的募捐行为，最佳的选择就是个人与具备公开募捐资格的慈善组织进行沟通与合作，争取慈善组织的认可和帮助，然后，经由有资质的慈善组织在慈善信息平台上实现个人求助的最终目的。

第五，网络公募要多方协作监管。在多方监管机制中，发挥公众和捐赠者在网络募捐监督中的作用。在网络公募的活动中，要充分发挥舆论、公众，特别是捐赠者在网络监管中的作用。个人作为捐赠者和公募慈善组织之间的关系是：公募慈善组织进行的是网络募捐行为，其是资源的需求方，而捐赠者个人则是网络慈善资源的供给者，这种供需双方的角色定位决定了捐赠者个人对于自己提供的捐赠财产具体的流向有权利对慈善组织进行问责，并且应该了解捐助资金的用途是否符合慈善目的。捐赠者要监督慈善组织所取得的善款，不是被乱用，而是用于开展募捐慈善项目。除此之外，网络群体作为潜在的公募慈善捐赠者，也有参与网络公募活动监督的义务，共同维护慈善信息平台的生态健康。

2.5　慈善事业的海外拓展

尽管西方国家鼓励慈善事业的捐赠财产在国内使用，但是，其基金会并非局限于救助本国的弱势群体。其对外捐赠越来越盛行，与其他发展中国家相比其捐赠财产海外相对使用量巨大，对于提高西方国家的国际影响力有很大的作用。

十几年来，中国基金会开始走向国际。2004 年 6 月开始实施《基金会管理条例》，至今已经有一些中国基金会踏出了"走出去"脚步，发挥了带头作用。例如，2006 年 7 月，中国儿童少年基金会在英国成立分支机构，成为踏出国门的第一个基金会；2007 年 4 月，中国扶贫基金会①首度提出国际化战略。

中国基金会"走出去"不仅是中国慈善发展的新动向，而且是中国参与全球治理的重要标志，有助于我国更好地承担国际责任，改善国际形象，提升国际影响力。中国基金会"走出去"把捐赠财产使用在国外，是大势所趋。

2.5.1 配合"走出去"的国家战略

实施"走出去"战略是党和国家的重大战略决策，是根据经济全球化发展的新形势、新任务以及国民经济发展内在需要所做出的战略性决定，是实现我国长远发展，也是贯彻落实共建"一带一路"倡议，促进中国与世界各国互利共赢的有效途径。高举和平发展大旗，积极拓展"一带一路"共建国家的经济互助关系，与"一带一路"共建各国共同打造文化上相互包容、经济上相互融合、政治上相互信任的责任、利益和命运共同体。慈善组织所拥有的捐赠财产不能总是在国内使用，我们的慈善事业要"走出去"，为"一带一路"建设增添力量。

慈善事业可以提高一个国家的软实力。美国哈佛大学教授约瑟夫·奈（Joseph Nye）最早明确提出了"软实力"的概念，指出："软实力是指一种吸引力，依靠左右他人的愿望来达到目的。"约瑟夫·奈还指出："软实力不仅适用于政府和企业，它也同样适用于公益组织。并且，作为体现软实力的代表性行业，公益也能打造一个国家的良好形象。"美国民间慈善组织经常把捐赠财产中的一部分用于国际扶贫事业，打造美国的善良形象，在一定程度上弥补了美国政府由于外交政策失误对国家形象造成的负面冲击和影响。

林毅夫曾经就此方面的问题回应，如何确保这数万亿美元海外资产的安全？如何保障中资企业在海外的可持续发展？中国国民中有多少人具有真正的国际化意识？如何培养涌向世界各个角落的中国人的国民尊严？所有这些问题都成为摆在中国政府、企业、学者、媒体、民间组织以及社会公众面前的一个重大课题。这些问题如果处理不好，就会影响中国人融入世界的进程，影响中国"走出去"企业的运营环境，甚至影响中国的国际形象和软实力的提升。

当今时代，世界各国高度关注中国的崛起。西方社会历史上对中国形成的偏见至今未曾改变或停止过。世界上的很多国家都需要中国证明自己的崛起对世界是互利、平等、和平的。中国崛起的方式绝不像历史上其他国家一样充满暴力、血腥和霸权，恃强凌弱，威胁世界和平。中国在海外的慈善组织，既能代表中国和平崛起，又能向世界传递中华文化。

---

① 2022 年，经上级主管部门批准，中国扶贫基金会正式更名为"中国乡村发展基金会"。本书中相关事件及所做研究为 2022 年以前，故使用旧称"中国扶贫基金会"。

　　中国实施"走出去"战略的主体，以前一直是政府和企业，而基金会、社会服务组织等非政府组织很少出现在世界历史舞台上。近年来，这种情况已经发生一定程度的改变，但中国非政府组织（含基金会）在国际社会的影响力仍然微乎其微，形成了一块"短板"。根据国际经验，"走出去"的主体不仅应该包括政府和企业，还应该包括各类非政府组织。美国、英国、日本等国的实践都已取得良好效果。

　　慈善组织踏出国门的典型代表，是具有非营利性质的中国基金会。以基金会为代表的中国慈善事业在改革开放之前是寂寞期，没有任何存在感。处于起步阶段的中国慈善事业，在很大程度上受益于学习西方发达国家的先进经验。从中国慈善组织"走出去"的历史来看，基金会起到了开路先锋的模范带头作用。

　　1978 年，党的十一届三中全会之后，中国开始全面实行改革开放政策，在不到两年的时间内，中国首家慈善基金会于 1981 年 7 月 28 日正式成立。成立后的中国儿童少年基金会，率先开展中国慈善事业。1979 年中美两国建立外交关系影响了世界历史进程，美国福特基金会马上在中国率先开展了慈善资助项目，开创了新中国与西方国家在慈善领域的交流。中国基金会之所以能够在国内慈善领域发挥出先锋引领作用，完全取决于其自身优势和特殊属性。

　　第一，在登记、注册制度环节，民政部门对于基金会要求相对其他组织更加严格。不断出台相应的法律、法规文件管理基金会。1988 年民政部就已经颁布并实施了《基金会管理办法》，办法确立了基金会的定义和登记、注册等条件；中国人民银行于 1995 年 4 月 4 日颁布并实施的《关于进一步加强基金会管理的通知》，对基金会的监督、基金管理、成立等方面的重大原则问题，进一步明确和规范；2004 年国务院颁布并实施了《基金会管理条例》，对基金会下了更为明确、精准的定义。

　　第二，在中国慈善组织里，基金会相对于其他组织，拥有相对更强大的资金优势。根据基金会中心网的数据，2012 年包括公募基金会和非公募基金会在内，进入净资产排名前十的基金会净资产在 10 亿元以上，更有超过 100 家基金会，拥有的净资产超过 1 亿元。从捐赠财产获得情况来看，排名前十的基金会接受捐赠财产额都超过 3 亿元，前 100 家基金会的捐赠财产收入都超过 5000 万元。在物质保障层面，为基金会"走出去"提供了基础雄厚的资金实力。

　　第三，相对于其他慈善组织，我国基金会的内部治理更加规范。2004 年《基金会管理条例》由国务院颁布并实施，条例特别强调基金会的管理透明度必须予以增强。2006 年民政部又制定了《基金会信息公布办法》。文件要求基金会制定"信息公布义务人"制度，把责任落实到人。该制度在内部治理上明确要求基金会必须做到捐赠财产费用收支透明、资产增值透明、捐赠财产流程透明、捐赠财产运作透明。另外，促进基金会加快形成行业自律机制，提升基金会公信力，由国内 35 家基金会于 2010 年 7 月 8 日联合发起并正式上线中国基金会中心网。

2.5.2 慈善组织自身发展的必然选择

随着改革开放的深入和发展，中国经济持续、稳定地增长，仅就捐赠财产规模而言，2010 年中国社会捐赠财产总量高达 1032 亿元，2011 年就有 47 家年捐赠财产收入超过 1 亿元的基金会，即便是受到了"郭美美事件"影响的 2011 年也收到了 845 亿元的捐赠财产。部分大型的中国基金会已经具备了"走出去"的财务能力，雄厚的捐赠财产实力使中国基金会具备了寻求海外市场的必要性和可能性。而在这之前对于中国基金会来说是难以想象的事情。

第一，升级与扩张成熟项目的需要。有些基金会已经成熟的项目，发展到一定程度后，面临的问题更加棘手，如不继续升级与扩张，将难以为继。与此同时，慈善机构或慈善项目若想获得进一步发展，就需要制订国际化战略规划，为慈善项目打造国际化发展目标，让慈善项目在国际市场上与其他国家和组织展开竞争与合作。

1999 年前后，中国青少年发展基金会就已经做出了向国际化发展方面的努力，并开始在马来西亚、越南等邻近中国的东南亚国家，实施了创办若干所希望小学慈善项目。随着慈善项目的开展和项目的成熟，伴随项目的扩张，基金会对于"走出去"的理解逐渐深化。基金会发展慈善项目的视野从最初的被动合作开始，后来发展到相互学习，互相借鉴，积累经验，基金会充分开发人力资源潜力，提升自身品牌影响力，结合国内二十余年创建 1800 多所希望小学慈善项目的成功经验并予以升华。基金会将在越南等国的实践复制到非洲五国，源自中国的希望工程项目非常成功地实现了设想中的慈善项目继续升级与扩张，使基金会发展的全球化战略在国际化发展的过程中，充分发挥了成熟项目的引领和持续推动的作用。

第二，打破基金会慈善项目在国内发展空间不足的制约。近些年来，中国经济在世界经济不稳定中，获得快速发展，相对而言政府的财政税收收入持续、稳定、快速增加，国内社会发展中的许多问题已经可以完全经由政府的财政解决。受到经济向好的"负影响"下，有些基金会在慈善项目选择上已经没有多少发展空间，马上就要面临"题材困难"。

以中国扶贫基金会实施的贫困大学生项目为例，该项目从 2002 年启动以来，截止到 2012 年，10 年期间一共筹集捐赠财产超过 2 亿元，多达 9 万余名贫困大学生得到救助。另外，2007 年中国政府制定并实施了助学新政策，中国政府决定提供 500 亿元资金，正是由于受到这一新政策的影响，中国扶贫基金会涉及比较多的助学类项目，因此，政府的助学政策对其项目运作影响较大，在筹措捐赠财产额度方面的指标出现明显的下降趋势，基金会亟须转变操作思路，否则这种状况持续发展，基金会将难以生存。基于慈善项目在国内发展空间已经明显不足，基金会必然会选择把关注目光从国内转向国外，尤其是面向非洲地区，那里仍然面临着非常严重的贫困问题。

第三，拓展基金会生存发展空间的需要。国家实施"走出去"战略以来，已经有大批的中国企业走向亚非拉地区，在全球开展工商业活动。中国企业海外投资金额已经出现不断攀升的趋势。商务部数据显示，截至 2019 上半年，我国境内投资者共对全球 151 个国家和地区的 3582 家境外企业进行了非金融类直接投资，累计实现投资 3648.1 亿元人民币。基金会与海外中资企业结盟已经具有了可行性。

走出国门的企业要想在投资所在国获得长远稳定收益，一定要按照跨国企业在国际市场所必须遵循的共同专业规则，尤其重要的是要履行企业社会责任。一方面是为了提高企业内在的核心竞争力，使所在国的企业员工产生荣誉感和自豪感，另一方面是为了赢得投资所在国家公众对跨国企业的信任。因此，投资国外的中资企业，身处海外，更应该学习和切实履行良心企业应负的社会责任。不但要认识到问题，更要承担企业社会责任。在海外的中资企业，有的受到启发后，在投资所在地，开展了慈善项目投资，本以为能够解决问题，但是受企业在专业领域的限制，企业实施的慈善项目不能达到预期效果，所在国的民众并不买账，其项目影响力也非常有限。项目预期效果不理想的原因在于，海外中资企业中都是从事某方面的专业海外人才，很难从中找到有能力从事慈善项目的专门人才，其结果一定是慈善项目运营失败。失败原因在于，一方面，在慈善项目运营过程中，企业缺乏项目选择能力，同时也缺少慈善项目的运营经验，更缺少慈善项目的评估能力；另一方面，海外企业的从业人员，缺乏跨文化沟通能力，不能与当地社区民众互动沟通，而海外企业缺失的这些东西，恰好能被基金会所弥补，实现海外企业与基金会双方取长补短，发挥各自优势，不仅拓宽了中国基金会慈善项目生存和发展的空间，而且也为基金会进一步运作慈善项目提供不可或缺的资金来源。海外中资企业通过与专业化的基金会展开合作，不仅大大降低了开展慈善项目的成本，而且提升了慈善项目宣传的效果，提升了慈善项目影响力。

第四，提高中国基金会参与国际慈善项目竞争力的需要。基金会的国际慈善项目竞争力能够反映出基金会的综合实力，体现出基金会项目竞争力的效率、所产生的社会影响力以及与其他国家基金会竞争力的综合水平。基金会慈善项目的竞争力集中体现在创新能力、募款能力、市场拓展能力、资源配置能力、资产管理能力、品牌管理能力、人力资源管理能力、项目运营能力等诸多方面，是基金会各方面能力的综合体现。

拥有强大国际竞争力的基金会，往往也具有比较高的国际化程度。目前，中国基金会与发达国家基金会在国际竞争中相比根本不具备任何优势。受到国际媒体的关注，并不是因为中国基金会的强大，只是因为有中国的背景而被国际媒体关注。这种现象是暂时的。中国基金会今后可能会发生某种程度的变化，但是，短期内不会发生改变。中国基金会要想真正提高水平，增强国际竞争力，就需要接受发达国家基金会的挑战，就要敢于走向国际市场，在国际市场竞争的环境中接受考验，才能在大风大浪中练就自身本领。

现代慈善基金会与传统慈善方式存在巨大差异。自从诞生之日起，现代慈善基金会起点就高，发展目光面向全国，开始实施走向国际的慈善项目。美国著名慈善家卡内基，在有生之年共捐赠建立了2811座图书馆，卡内基图书馆遍及全美各地以及加拿大、英国、爱尔兰、南非、澳大利亚、新西兰、斐济、塞舌尔、英属西印度群岛等国家和地区。

近年来，慈善全球化发展趋势再度风起云涌。随着经济发展日益全球化，慈善基金会在从事慈善项目时，必须首先拥有全球化的视野和高度开放的心态，现代慈善基金会具有全球化思维高度，早已不仅仅从事简单的资助行为，而且也不再受目光的局限，仅仅支持某些特定机构或组织，或是支持特定项目，而是把关注的视角转向产生社会问题本身的深层次原因，正在努力寻找解决问题的最佳方案。许多全球性的问题，必须加以关注，要采取综合措施，才能加以解决。例如，世界上广泛存在的，诸如恐怖主义、环境污染、传染性疾病、性别歧视等。只有在全球范围内寻找办法，才能有解决问题的方案。

联合国前秘书长科菲·安南在接受2001年诺贝尔和平奖时表示："今天真正的边界不在国与国之间，而在于强者与弱者、自由者与受压制者、特权者与困窘者之间。今天，没有一堵墙能把世界上一个地区的人道主义或人权危机与另一地区的国家安全危机隔开。"

第五，借鉴国外基金会慈善项目先进经验的需要。在现代国际援助中，非政府组织纷纷现身，在对外慈善项目上大显身手，获得了广阔生存空间。从基金会开展慈善项目所取得的国际经验看，以基金会名义实施的慈善项目，由于都是民间的自愿友好行为，在实施过程中，淡化了官方援助的政治色彩，慈善项目实施的受援助国家的普通民众更愿意接受这种援助方式。在这方面，发达国家基金会，比如英国、美国、日本等国有许多成功经验，非常值得刚刚踏出国门的中国基金会认真学习和充分借鉴。

目前，中国基金会依然处在出国创业的尝试与探索阶段。面临的困难很多，需要认真分析、理性对待。对于目前已经实现"走出去"的几家中国基金会，严格地讲，没有任何一家中国基金会能够在国际上实现全方位发展，没有能够实现标准的国际基金会所要求的独特的慈善项目品牌、特点突出的慈善项目、健全的慈善项目组织机构、高素质的大量专业化慈善人员队伍和充足雄厚资金五方面标准。我国的所有踏出国门的基金会，仅能够实现五个标准中的一项或两项。所以，我国基金会在国际化发展的进程中，仍然处在原始的探索期。万事开头难，每门科学如此，每项事业也如此。良好的开端，等于成功的一半。

中国基金会"走出去"已经迈出了从无到有的第一步。无论是公募还是非公募基金会，无论是哪个领域的基金会，都涌现出一批勇于尝试的先行者，而且"走出去"的方式多种多样，力度逐渐加大。这是中国慈善发展的新动向。一方面，目前已经"走出去"的基金会，数量不足总数的 1%，现状也不尽如人意，面临重重困难和漫长征程；另一方面，在中国实施和平崛起的历史发展进程和实施"走出去"整体国家战略进程中，基金会"走出去"不仅顺应时代发展的潮流，而且具备独特的优势和魅力，因此前途一片光明。

综上所述，部分中国基金会已经开始"走出去"，之所以产生这种现象，具有其内在发展的必然性，是大势所趋。然而，这并不意味着所有的中国基金会都一定要"走出去"或者"走出去"的中国基金会越多越好。在任何一个国家的基金会群体中，有条件、有能力"走出去"的毕竟是少数，大多数还是应该留在本土发展。

2.5.3　案例——苏中阿布欧舍友谊医院

中国非营利组织的数量和规模快速增长与全球化的进程密不可分。中国的民间组织曾经接受过世界上很多国家的援助，当中国强大起来有了一些成熟的公益项目和公益模式的时候，走出国门，进行人道援助，实施国际化战略，顺应了慈善全球化的趋势。

苏中阿布欧舍友谊医院是中国扶贫基金会在苏丹开展的慈善事业项目，标志着中国首家民间组织跨出国门实施的公益项目取得圆满成功。医院地处苏丹的农村，总投资 110 万美元（按当时外汇价格计算，折合 693 万元人民币），由中国石油天然气集团有限公司资助，中国扶贫基金会援建的这所医院于 2011 年 7 月正式竣工。

2011 年中国扶贫基金会依托中国的跨国公司开始了国际化的探索步伐，尝试开展对外援助。对苏丹的贫困母婴援助项目，标志着中国扶贫基金会走出国门实施公益项目迈出了实质性的步伐。2017 年 8 月，苏中阿布欧舍友谊医院扩建完工，医院建筑面积 1700 平方米，占地面积 2000 平方米，是一家以妇幼保健为主，兼顾内科、外科、儿科、牙科、眼科、耳鼻喉科，并配备剖宫产房、分娩室、门诊手术室、X 光射线室、B 超室、化验室、麻醉室、血库等科室的综合性医院。

1. 项目前期调研

2007 年中国扶贫基金会决定调查研究周边国家情况，择机进行国际化扩张。2008 年中国扶贫基金会成立援非项目调研小组，并开始重点关注苏丹。2009 年10 月，中国扶贫基金会执行副会长何道峰率队赴苏丹实地考察。在考察中，基金会尽可能地对苏丹的社会、卫生、慈善领域进行全面了解，实地调研考察之后，中国扶贫基金会慈善组织最终决定与苏丹本土的慈善组织——比尔特瓦苏慈善组织签订项目合作备忘录，并从事实出发，针对苏丹妇幼死亡率居高不下的社会问题，结合中国扶贫基金会在国内实施母婴平安项目的经验，设计完成了援建苏丹妇幼保健系统示范项目建议书。

2. 项目执行过程

2010 年 6 月，在中国扶贫基金会的努力下，援建苏丹妇幼保健系统示范项目获得了中国石油天然气集团有限公司的支持，并由中国石油尼罗河公司（隶属于中国石油天然气集团有限公司）捐资 60 万美元，兴建第一所援建的苏中阿布欧舍友谊医院。医院建设涉及很多环节，包括建筑材料和医疗设备采购、海运、清关、安装等。为了规避对国外环境不熟悉的风险，基金会事先就与合作伙伴签署了协议，将其中材料和设备清关及在苏丹的国内运输环节全部交由苏丹合作伙伴执行。然而，由于是第一次接受外援物资，苏丹合作伙伴迟迟不能获得苏丹财政部的免税证明，以及医疗器械进口许可，货物全都滞留在苏丹港。面对这一严峻的问题，基金会一方面焦急地寻求各方的帮助，另一方面与合作伙伴一起积极寻找解决办法。最终，在中国驻苏丹大使馆的大力协助下，2011 年 3 月，所有货物才被完整地运输出苏丹港。由于这是事先没有预料到的突发事件，基金会主动承担了清关产生的所有额外费用。

由于地域、民族、文化各方面的差异，苏丹的合作伙伴在办事效率、思考问题的方式方法上与中国存在不同，造成了许多小摩擦的发生。由于是首次尝试，很多问题难以事先预估和判断，因此在施工过程中常会有些临时的、小的突发事件发生，比如彩钢房生产单位和当地医院相互推脱责任、纠缠不清，从而影响项目顺利开展，也因此产生了许多不可预见的费用，使得项目竣工的最终费用大大超出了项目的预算和捐赠费用——高出 60 万美元的预算，总计 110万美元。

3. 投资项目收获的成果

2011 年 5 月，医院内部施工完毕。2011 年 6 月，建设周期 11 个月，作为示范项目的第一所援建医院——苏中阿布欧舍友谊医院建设完毕。标志着中国民间公益组织跨出国门实施公益项目获得重大突破。

为了弘扬捐赠企业的慈善精神，使中国公众更好地了解中资企业在海外从事的公益事业，2011 年 7 月，苏中阿布欧舍友谊医院竣工典礼在苏丹杰济拉州阿布欧舍镇隆重举行。10 月医院顺利运行。2011 年 12 月中国扶贫基金会协同苏丹合作伙伴、杰济拉州卫生厅联合举办了阿布欧舍友谊医院合作伙伴董事会会议。同月，基金会与苏丹合作伙伴的相关人员组成考察团并邀请了中国石油尼罗河公司一起对医院的运行情况进行评估验收。经过一番积极探索，在没有任何经验和案例可以参考的情况下，中国扶贫基金会顺利建成了第一所援苏医院，也标志着我国非政府组织对海外的援助实现了零的突破。

总之，民间组织跨越国内慈善事业界限，在海外实施公益项目，是积极响应国家"走出去"的战略号召，也是民间慈善组织自身发展的需要。

4. 中国扶贫基金会海外项目的成功给我们带来了许多值得借鉴的经验

第一，争取项目相关方的支持与协作。民间组织走出国门，离不开来自各方的支持与协作。首先，项目所在国家的中国驻外使领馆的强力支持是实施项目的有力保障；其次，项目合作伙伴及中国驻苏丹大使馆给予支持与配合，中国扶贫基金会搭建工作平台，不仅与苏丹比尔特瓦苏慈善组织建立了合作伙伴关系，而且在面临清关危机的时候，得到了中国驻苏丹大使馆的有效帮助；再次，基金会与中共中央对外联络部、外交部、国务院扶贫开发领导小组办公室[①]和苏丹卫生部人道主义事务署等政府机构建立了紧密联系；最后，得到了中国社会科学院西亚非洲研究所和甘肃省水利科学研究院等学术机构的帮助，并且与中国石油天然气集团有限公司等企业展开了合作，获得了它们的资金捐赠和智力支持。

第二，雄厚、稳定的资金来源是民间组织实施海外慈善战略的驱动因素。中国扶贫基金会是国内实力雄厚的民间组织之一，但是走出国门发展公益事业必须要有强有力的捐赠财产保障，基金会不能指望自己解决一切问题，否则一旦面临项目经费超预算问题，就有可能陷入财政危机。苏中阿布欧舍友谊医院最初计划投资 60 万美元，最后实际费用 110 万美元。如果不是捐赠财产的后续支持，恐怕这个项目很难完成。

---

① 2021 年 2 月改为国家乡村振兴局。

第三，注重慈善项目的有效性、可持续性。基金会主导下的慈善项目，专业性突出，关注点具体、明确，更注重慈善项目本身的有效性和持续性。

2011年7月，慈善组织中国扶贫基金会与苏丹的杰吉拉州卫生厅和苏丹的比尔特瓦苏慈善组织三方签署协议，成立相关董事会，共同协调多方利益，对援建项目进行后续监管，联合管理医院的后期运营。确定董事会的职责，包括审议财务报告和财务运行情况、决策医院重大事项、决策财务预算和工作计划等。邀请项目捐赠单位组成项目评估小组，实地评估医院的运行状况，并每月实地检测医院运行情况，解决相关问题。

第四，多方合作共赢。中国扶贫基金会实施的慈善项目，加强了与中国政府、海外企业、受援助国政府和对方非政府组织之间的合作。中国扶贫基金会在援助苏丹医院建设的过程中，得到了中国驻苏丹大使馆的全力支持。基金会选择苏丹的阿布欧舍医院，作为中国扶贫基金会援建医院的一个非常重要的原因在于：阿布欧舍医院原本就是中国对外援助医疗队驻苏丹的医疗点。选择援建阿布欧舍医院作为慈善项目的好处直接体现在：有效改善了苏丹国内医疗环境，同时，中国援助苏丹医疗队获益匪浅，工作环境极大改善；援助苏丹医疗队进驻医院，相当有效地缓解了苏丹当地专业医护力量严重缺失的问题；中国医生精湛的医疗技术，得到了患者好评，赢得了民众极大的信任，所援建的医院就诊人数直线攀升。中国扶贫基金会的海外慈善项目，使中国石油天然气集团有限公司的海外分公司在苏丹国，实现了社会效益的最大化。

第五，争取国内公众的理解。公众也许对基金会国际援助项目有意见，原因在于目前国内还有一部分弱势群体。以个人的眼光看待我国开展的海外基金项目，得出的结论显得眼光不够长远。对于这个问题，需要多做群众的思想工作。在海外做慈善项目的捐赠财产，不是来源于国内基金会的捐赠财产。基金会海外项目的资金绝大部分来源于中国海外企业的捐赠，当今世界需要跨国企业具有国际视野，需要他们履行企业的社会职责，这也是现代跨国企业应该而且必须履行的义务。必须向国内民众说清楚，中国的海外企业如果没有参与海外慈善项目，面对世界舆论的压力，尤其是西方势力的舆论攻击，很难在投资国生存。为了驳斥西方对华不友好势力对我们的攻击，最好的反击方式就是在海外实施慈善项目，造福当地人民使其过上美好的生活。粉碎西方国家的谣言，这也是海外企业发展的当务之急。

第3章　借鉴英美捐赠财产使用与监管机制

慈善事业自从开始之时，就伴随着资金使用而产生了一系列问题。由于慈善事业最初发展阶段规模较小，影响不大，所以人们对慈善事业捐赠财产监管重视不够。杨守金和于丽（2012）认为："随着慈善公益事业的发展和不断壮大，在捐赠财产使用和监管问题上产生了某种程度不和谐的因素。如不加以妥善解决，势必影响慈善公益事业的健康发展。"现有的捐赠财产使用与监管机制，已经不能适合慈善事业发展的需要。英国和美国是现代慈善事业发展最有代表性的国家，体现了欧美慈善事业的发展方向。其捐赠财产使用与监管机制引领了欧美慈善事业的前进方向，世界上许多国家或地区效仿英美的相关制度。尽管其资本主义性质决定了我国不同于英美的制度安排，但是，"他山之石，可以攻玉"，其捐赠财产使用与监管机制的具体做法，有许多经验可以供我国借鉴。

3.1　英国捐赠财产使用与监管

英国现代慈善事业历史发展最为悠久，是世界上早期的现代慈善事业发祥地。不仅英国的民众有互助传统，而且其相关法律规定也较为完善。英国慈善委员会通过激励引导措施、注重行为监管和保证信息公开等监管手段来发展慈善组织。世界上许多国家的慈善事业效仿英国的慈善事业理论与实践经验。

3.1.1　英国捐赠财产使用与监管的历史发展及内涵

早在 400 多年前的 1601 年,英国已经颁布了世界上最早的一部具有现代意义的慈善法——《慈善用益法》。19 世纪英国又制定出了关于慈善组织理事会定位及其管理的相关法律——《托管人管理法》,该法律已经于 2000 年得以修订。英国现行的慈善法颁布于 2011 年,是一部整合各项规定而成的单一法案,在实行判例法的英国整合一部单一法案,足以说明英国对于慈善事业发展的关注,强调捐赠财产使用与监管。

英国学者柏然·欧黑根(Brian O'Hagan)认为,公益性是慈善事业的根本特性,慈善捐赠监管的主要依据和日常监管的核心功能就是依法坚守公益性标准。英国慈善法体系中对于公益性标准从最初的模糊到现今的完整而严密的定义,历经 400 多年。英国颁布了三大里程碑式法律。

第一个里程碑是《1601 年伊丽莎白一世法》,亦称《济贫法》,对于公益性做出了原始性定义。《济贫法》属于工业革命时期的产物,该法案不仅为社会弱势群体提供了帮助,也促使了英国政府的经济、政治政策逐步改变原有的自由放任方式,转而重视单纯发展经济导致的贫困问题。1834 年,新《济贫法》颁布实施,改进济贫管理机制,建立中央层级的济贫管理机构,实施普遍救济的基本原则,同时,对接受救济者的资格严格审查,拓展社会救济的救助范围。

第二个里程碑是"帕姆萨尔裁决",把民间公益性慈善概括为四大类别:扶贫济困、发展教育事业、促进宗教发展及其他有助于社区的善事。"帕姆萨尔裁决"不仅对英国的慈善事业和慈善法律体系产生了巨大而持续的影响,而且众多实行习惯法的英语国家在制定相关法律时也以此为蓝本。

第三个里程碑是《2006 年慈善法》的定义革命。其中的监管机制包括六项内容,即年度报表制、审计与独立财务检查制、公益募捐管理制度、访问制度、调查制度、其他监管措施。

现行英国慈善法的主要内涵可以概括如下。

第一,原则上尽可能地尊重与保障慈善组织的自治权利。例如,允许慈善组织通过多元化的渠道筹集资金,允许慈善组织根据章程做出是否筹集、如何筹集、怎样使用慈善捐赠财产的决策。

第二,托管人在制定出与慈善资金筹集和使用相关的决策时,必须本着有利于慈善组织的最优利益原则,即受到自身所在慈善组织的慈善目的、公共利益的制约。

第三,慈善组织及慈善组织责任人在慈善资金筹集与使用的各个环节也会受到诸多问责机制的限制,防止某些私人利用慈善组织获得不当利益或从事其他违法行为。问责制可以更好地保护公序良俗以及他人的合法权益。

3.1.2　英国慈善传承与监管方式独特

英国的慈善发展历史悠久。在英国，向慈善机构捐赠财产和从慈善组织获得帮助的人有很多。英国慈善委员会的登记信息显示，截至 2018 年底，在英国的英格兰和威尔士地区有近 17 万个登记在册的慈善组织。这些慈善组织每年可以吸引高达数百亿英镑的捐赠财产。英国慈善组织在帮助政府救助困难的弱势群体，满足对慈善事业不断增长的需求等方面，很好地履行了自己的公益责任。这些都源于英国社会传统的慈善理念，这就是以最大的关心和善意对待处于最脆弱的人；平等地尊重所有人；以正直和谨慎的工作态度来管理个人事务；谨慎地对慈善资源加以使用；避免奢侈和自私自利等任性行为。在这种充满古老传统的绅士风格基础上，英国现代慈善事业不断通过传承与创新，为英国人民以及其他国家部分居民提供更多的福利。

英国慈善监管方式独具特色。在英国，慈善委员会负责社会慈善组织的登记、注册和监督管理工作，其行为直接对议会负责，其他组织无权干涉。而且在履行职责时独立自主，行使权力时更是独立于政府行政体系之外。英国对民间慈善活动采取的监管行为极为独特，可以说英国政府的行政机构等于放弃了对慈善组织的直接监管。英国政府在慈善管理制度体系设计中，使慈善委员会成为世界上最具特色的机构，成为不是行政机关的准行政机关。慈善委员会凭借良好的管理体系、较强的工作责任心以及在决策过程和行动方面的高透明度机制，充分发挥了一个公共监管机构的作用，慈善委员会的治理体系、框架结构完全建立在法律基础上，执行的政策和监管的慈善活动覆盖面广泛，涵盖了监管的全部内容，包括慈善的目标与方法、慈善组织的使命和价值观、应负的责任和履行的程序等内容。慈善委员会为慈善组织的运行不但提供方向指引和基本保障，而且对自身的监管框架定期进行审查和修订，以确保慈善组织行为符合实践活动潮流发展的趋势，即要求慈善组织的行为、态度和理念必须符合慈善目的。

然而，2011 年以来英国发生的一系列慈善组织丑闻事件，在 2016 年被媒体揭发，甚至包括英国著名的慈善组织——乐施会也深陷丑闻。激起了人们对慈善组织的愤怒和质疑。慈善委员会的追踪研究表明，英国公众对慈善组织的信任度已经下降到历史记录的较低水平。为了挽回声誉，慈善委员会发布了《2018—2023 战略意图声明》（英国慈善委员会，2017）（简称《声明》），展开对慈善组织的整顿行动。订立新的规制，对英国的慈善活动进行规范，以期慈善组织能够传承并继续发扬慈善理念，重新让慈善成为社会进步、发展的重要推动力量，最大限度地实现慈善组织机构的公益价值。为此，英国慈善委员会展开了重塑公众信心行动。慈善委员会在未来相当长的一段时间内的行动计划，就是《声明》阐述的目标、任务，对慈善组织监管不力的责任必须由慈善委员会承担起来。慈善委员会面临的重大课题是如何实现自己的法定目标和责任，赢得公众对自己的信任并履行对慈善组织监管的职责。《声明》介绍了慈善委员会的工作计划，即在 2018~2023 年慈善委员会的核心目标和优先选项，凸显了自己身为监管者的角色、应负责任和所持的立场，其立足点为更好地为公众服务，并誓言将慈善利益做到最大化。为了能够继续推动实现慈善的目标、慈善组织的使命和价值观，《声明》中提出了慈善委员会今后工作的五个努力方向。

第一，支持慈善组织承担社会公益责任。慈善组织落实责任不仅能让慈善活动符合法律要求，而且更意味着慈善组织能够对慈善资源进行有效的管理和实现责任担当。作为监管者的慈善委员会也必将利用其权威地位发挥自身影响力，努力做到在法律的框架内，合理合法地行使包括对慈善组织的保护权、制裁权等在内的监管权。关注慈善组织机构履行其使命和实现其宗旨的方式，尽全力满足公众的期望，并鼓励慈善组织从事有利于实现公共利益的一切慈善活动。

第二，严肃查处不当和信任损害行为的同时帮助慈善组织做好预防工作。慈善委员会将努力创新服务模式，充分利用信息分析与最新技术手段，科学预测慈善组织什么时候可能会出现问题，当问题出现时应当如何恰如其分地有效处理，以保护慈善活动不被滥用或主动降低管理不善带给慈善组织的负面影响，并预告慈善组织要采取客观的干预措施防范问题发生。这样做的结果是，慈善委员会将工作重点放在降低违规事件的发生上，预防违规事件永远要好于事后处理问题，好的监管在于争取做到防患于未然，成功避免违规事件使慈善事业整体信誉遭受伤害才是上策。

第三，提供充足、正确、及时和有效的信息，引导公众对捐赠对象进行选择。慈善组织需要设立吸引公众的慈善捐赠项目才能更有生命力。慈善组织有义务做好搜集和展示必要的慈善项目数据信息，以便公众能够根据数据信息做出明智的决定。例如，选择在何处以及如何去支持选定的慈善事业，捐赠现金、有价证券，还是捐物。作为监管者的慈善委员会同样有自己的责任，那就是确保慈善组织提供的信息不能有虚假成分。慈善组织提供的信息必须完整、有效、准确、真实和开放，还要做到易于被公众访问、共享并能够与其他慈善组织的数据信息相比较。慈善委员会提供的信息应该包括对慈善组织机构的评估及有关慈善组织社会影响力的信息。这些信息有助于公众分析慈善资源有哪些供给缺口，公众的最终选择将会影响慈善组织机构的设立与合作。

第四，帮扶慈善组织机构。对慈善组织有效的监管应包括提供指导与帮扶，以便慈善组织机构能够最大限度地发挥其潜在能力。慈善委员会完全可以向受托人提议或者授予慈善组织在适当时机采取行动的权力。例如，鼓励慈善组织机构间的交流、合作甚至合并。慈善委员会监管的本意不是为了约束慈善组织，而是为了规范慈善组织的慈善活动，监管慈善组织并非目的本身，只是达到目的的手段而已。监管者的目标是帮助、指导慈善组织机构制订出相应的方案，满足慈善组织机构的不同需求，以提高慈善组织公益活动影响力，所以慈善委员会监管的重心只是集中在慈善组织风险最高或者最需要干预的地方，而不是事事干涉、时时干涉。

第五，让慈善事业保持与世界同行。慈善事业蓬勃发展的未来，绝对离不开监管部门、慈善组织机构和社会各界之间的相互合作。慈善委员会将以专家和监管者的双重名义，根据以往的工作经验与数据信息，塑造、更新与慈善组织机构相关的法律、政策环境，保持慈善组织的开放性；加强与世界各国慈善组织的交流与合作；坚持严肃的问责机制，并以此为基础，最大限度地使公众树立起对慈善组织的信心；引领、支持、帮扶慈善组织，成就与世界同行的、更加强大的英国慈善事业。

3.1.3　英国捐赠财产监管的启示

英国较为完善的捐赠财产监管体系，对捐赠财产使用与监管有较大的好处。我们应该予以借鉴。

第一，捐赠财产多元监管主体明确，各个监管主体之间既有分工又有协作，而且配合良好。英国的慈善捐赠财产监管主要通过英国慈善委员会、英国志愿组织国家委员会和民众监督三大主体来实现，基本形成了以司法为基础的独立监管、行业自律和社会共同参与的捐赠财产监督管理体系。英国的慈善委员会不是全国唯一的慈善资金监管组织，英国慈善委员会、英国志愿组织国家委员会和民众监督三大主体各自有分工，主管不同的区域。英国慈善委员会只是负责英格兰和威尔士区域的慈善监管，苏格兰和北爱尔兰有各自独立的慈善委员会，分别负责各自区域的慈善监管。在英国，慈善委员会是绝对独立的监管机构，因为其不隶属于任何行政部门，但会得到政府的行政授权。

第二，独立的慈善组织监管机构权限已经足够强大而且非常有力度。自2016年慈善组织丑闻曝光后，英国政府追加授权，给予了慈善委员会更大的权限，使其可以直接干涉慈善组织机构的决策，直至可以冻结慈善组织机构的资产，在慈善组织发生重大责任性事件时，甚至有权限直接采取措施，任免慈善组织受托人以及慈善组织的管理人员。

第三，慈善组织行业自我监管完善。英国的志愿组织国家委员会协助慈善委员会对社会慈善组织进行管理，它类似于中国的慈善行业组织，是一个拥有百年历史的慈善事业联合组织。该组织在协助慈善委员会对慈善组织进行监管时，尤其在对那些未在慈善委员会登记、注册的慈善组织机构的监管上，对这类组织的成长、发展，发挥着十分重要的行业监管作用。

第四，舆论与社会监管工作到位。英国对慈善组织的监管还包括一种重要的监管主体——舆论与社会监督，具体包括新闻媒体对慈善组织的监督、社会大众的舆论监督以及慈善组织内部人员的举报，还有来自第三方部门的慈善活动信息公布和审计监督。另外，慈善委员会还要求慈善组织定期公开信息，这使得民众可以十分便捷地参与到对慈善组织的监督中来。

3.2　美国捐赠财产使用与监管

美国对慈善捐赠财产的监管相对完善。美国慈善组织内部的自律是最为重要的一方面，绝大多数美国慈善基金会内部管理机制比较完善，其内部的道德委员会有其独到之处；但他律也是必不可少的，外部监管包括法律、政府以及社会等方面的监管。下文将分析美国对慈善捐赠财产的监管方法，从而为我国提供借鉴经验。

3.2.1　美国捐赠财产使用和管理的关键点

美国对捐赠财产使用与监管的特点是，没有一个统一慈善事业监管法律的多重监管机制，美国联邦体制下的监管主体多而不乱、管而不死，看似无序实则有序。

美国是世界排名第一的慈善大国，其慈善事业捐赠财产也是世界排名第一，世界上许多大的机构都留有美国慈善捐赠的印记。例如，著名的世界卫生组织，也是美国许多慈善基金会的捐赠对象，2020年美国威胁拒绝给予世界卫生组织资金，随后不久比尔·盖茨宣布给予世界卫生组织捐赠。

美国慈善事业健康、持续发展决定性的、关键性的因素是各级政府的依法、有效和透明的监督管理。联邦检察官、联邦税务局发挥了重要的主导作用。《美国问题研究报告（2011）——美国的实力与地位评估》中"美国政府对公益慈善事业的管理及启示"一文指出："中国与美国的文化传统、基本制度和经济社会发展阶段完全不同，绝不应该也不可能照搬照抄美国的做法。但是，美国政府管理公益慈善事业的经验以及一些具体制度设计仍值得我们认真研究和借鉴。"（黄平和倪峰，2011）

美国律师贝奇·布查特·阿德勒的《美国慈善法指南》，系统地解释了许多美国人都弄不懂的慈善法律，在书中分别阐述了美国国内税务局对慈善机构的资金监管、慈善组织自我治理及慈善机构的公信问题。她分析总结道：美国国内税务局通过三种方式来监督慈善机构的运作，即通过慈善机构提供的年度报告信息，通过审计慈善机构的财务和经营状况，以及对于违规慈善机构的处罚。美国慈善组织成立后，其活动要受到联邦税务局和州政府机关的两级监管，再加上媒体监督和本行业权威组织的自律性管理，美国慈善组织的公益性和公信力一直保持相对良好的整体纪录。

据美国学者贝奇·布查特·阿德勒《美国慈善法指南》一书的介绍，其慈善组织的主体是符合《国内税收法典》§501（c）（3）条款的免税组织，包括公共慈善机构、私立基金会和得到美国国内税务局确认的教会——在美国，教会是当然的慈善组织，教会不需要登记注册，便可以自动成为免税的慈善组织。美国是当今世界上慈善事业最发达的国家。在这个人口超过 3 亿的大国，各式各样的民间慈善组织多如牛毛，无所不在、无所不能。

有数据表明，美国非营利组织中的 2/3 从事慈善事业。如果把非营利部门单独列为一个经济体，那么它的从业人数约有 1300 万人，占美国就业人口的近 10%，所拥有的资产价值为 3 万多亿美元。按照 2018 年世界银行公布的各国国内生产总值排行榜，美国的非营利组织这个经济体的实力可以排在美国、中国、日本、德国之后，名列世界第 5 位，超过目前世界经济体排名第 5 名的法国。

为什么美国的慈善事业能够在世界各国中表现突出，如此发达呢？某些人自以为是地认为，相对其他国家或地区而言，美国人民可能比较慷慨大方，有光荣的慈善传统。所以，某些人自以为就此找到了美国慈善事业发达的原因在于美国人的慷慨，实则不然。

西欧各国注重集团发展下的社会福利事业，而美国强调个人主义下的慈善事业。确实，在慈善家卡内基捐赠的影响之下，慈善捐赠在美国被普遍视为美国历史传统的一部分，卡内基的名言——在巨富中死去是一种耻辱深入某些美国人的心中。所以，即便是在遭受金融风暴打击后经济十分低迷的 2009 年，美国的慈善捐赠财产总额也超过了 3037 亿美元。美国有许多在本国公众中影响力广泛的独立媒体在宣扬慈善理念、监督慈善组织等方面发挥着积极作用，如纽约时报、有线电视新闻网等。但是，这些都不是起决定性作用的因素。

从根本上讲，促进和保障美国慈善事业不断发展的决定性因素是美国已经形成的一整套良性制度。在这套制度中，政府对慈善事业的依法管理、监督与支持起到了关键作用。

3.2.2　美国慈善事业管理体制框架

1. 美国慈善事业管理依据

美国对慈善公益事业的监管主要依据联邦法律《国内税收法典》§501（c）（3）条款，取得豁免缴纳联邦所得税的组织，这些组织通常也被称为§501（c）（3）条款组织，或者与符合其他条款规定而获得免税的组织一起被通称为联邦免税组织。除了这些组织之外，在各州政府登记备案的还有大批慈善组织——政府部门（不要误以为美国某些政府部门不能是慈善组织，这个是完全可以的）、教会、学校、医院和医学研究组织。至于可依法免于登记的宗教组织，鉴于它们的情况复杂，而且所有主要的由宗教组织兴办的慈善机构均系正式登记的联邦免税组织，但是不要简单地以为教会的免税资格是容易取得的，这是一个极其难以取得的资格，阿德勒（2002）表示："美国有许多教会虽然合法，但是却没有得到美国国内税务局确认其慈善地位的裁定书。"

《国内税收法典》§501（c）（3）条款规定的内容，对于从事慈善事业的人来讲，被某些美国人绝对奉为"慈善事业的圣经"。首先，符合条件的组织可以获得联邦免税待遇，有了这种待遇可以享受来自经济与税收方面的双重好处；其次，向取得《国内税收法典》§501（c）（3）条款组织捐赠款物的个人或机构也能借此享受减税优待（并非所有的收入都可以享受免税待遇）；最后，在各类美国民间组织中，取得《国内税收法典》§501（c）（3）条款资格的慈善组织更能够产生无可比拟的光环效应——美国人普遍认为，能够获得《国内税收法典》§501（c）（3）条款的组织比一般工商业组织更值得信任。

在数百万个慈善组织中，真正能够代表着美国慈善事业规模、实力和治理水平的典型"主力"慈善组织是能够取得《国内税收法典》§501（c）（3）条款的慈善组织，在美国慈善组织是一个含义相当宽泛的概念，它既受到古老的英国慈善法影响，也与美国政府给予慈善组织的免税待遇息息相关。从1969年起，联邦税法将慈善机构划分为两大类：公共慈善机构和私立基金会。慈善组织在申请减免税收时，据联邦税务局公布的数字，2009年度符合《国内税收法典》§501（c）（3）条款的组织共有123.82万个，占联邦免税组织总数（191.27万）的64.7%。美国国家慈善统计中心的数据显示，1950年美国共有5万个非营利组织，而到2019年，在美国注册的非营利组织已经超过了150万个。美国非营利组织有近1140万名工作人员，是美国的第三大产业。目前美国基金会主要分为四大类：社区基金会、独立基金会、公司基金会和运作型基金会。其中，社区基金会属于公共公益机构，而独立基金会、公司基金会和运作型基金会这三大类基金会则被统称为私有基金会。面对存在范围广、规模庞大和错综复杂的慈善组织群体，美国监管慈善组织的基本做法是依法办事，抓大放小；遵循通则，照顾特殊；广集民意，帮、管并举；区别对待，注重实效；慈善组织自律，强化公信力建设。

2. 美国慈善事业监管框架

简单地讲，美国政府对慈善事业的监管框架为：一部法典为中心，两级政府主监管，两大监管为重点。

（1）一部法典为中心。美国没有统一的慈善法，美国的司法实践证明，监管机构和慈善组织尊重法律与法院判决，公民的法治观念强。美国治理慈善组织依据的最重要的一部基本法即《国内税收法典》，尤其是涉及慈善组织的条款，随国会立法的进展而不断进行修订，以适应慈善事业发展过程中出现的新情况。除了这部基本法律外，在实行判例法的美国，上级法院的判例也对慈善组织有极强的引领和支持作用。

（2）两级政府主监管，即联邦和州两个层级政府监管（其他层次的政府监管基本可以忽略不计）。联邦政府监管慈善组织的主要机构是联邦税务局，州一层级的政府中包括各州和首都华盛顿哥伦比亚特区的政府。联邦和州的层级在监管中起着主要作用，无论在哪个层级上，政府机关对慈善组织不仅要管理、监督，还有重要的责任就是提供给慈善组织各种信息、服务和支持。

（3）两大监管为重点，即慈善组织的公信力建设与捐赠财产的募集和使用情况。慈善组织捐赠财产的主要来源是公众捐款，慈善组织如果没有良好的公共信任度，组织就无法生存，相关事业亦不能健康而持续地发展。另外，享受了各种税收优待的民间组织，它们的资金如何募集、使用和管理也与纳税人的利益息息相关。所以，各级政府在管理民间组织方面的主要职责是依法维护慈善组织的公信力，确保相关责任方能妥善筹措、有效使用和规范管理慈善组织的资金及资产。

3.2.3 美国主要监管机构

1. 国会监督

国会对慈善捐赠财产的监管主要是依据法律对民间组织实施监督。

（1）参议院财政委员会对民间组织的监管。在轮流担任主席的共和党资深参议员和民主党资深参议员领导下，财政委员会为改进对慈善组织的监管做了大量卓有成效的工作。

参议院财政委员会强调：联邦免税优待体现的是对慈善组织的一种特惠，而非一项权利，享受这种特惠的慈善组织必须承担相对应的责任。政府对捐赠财产监管要做的只有三件事：①保护捐赠人，这是慈善组织长久发展的源泉，必须确保捐赠财产得到妥善的使用；②保护纳税人，慈善组织不能只享受税收优惠，慈善组织有责任给社会提供相适应的服务；③通过依法、有效的监管，最大限度地降低慈善组织违法、违规行为发生的可能性，同时鼓励各种形式的慈善捐赠。

（2）通过两部联邦新立法对慈善组织监管。进入21世纪以来，国会通过并经总统签署生效的新法律中，有许多都包含了关系到慈善组织权益、治理和监管的条款。若从单个法律的效果看，21世纪对于慈善组织影响最大的莫过于2002年生效的《萨班斯-奥克斯利法》和2006年生效的《2006年养老金保护法》。

《萨班斯-奥克斯利法》是国会在安然公司、世界通信公司等大型上市公司接连曝出财务欺诈丑闻并导致破产后紧急制定的法案，该法案生效后，各州竞相出台新的立法或规定，依照该法的原则与思路强化了对本州公司和民间组织的监管。在这个大背景下，许多知名度较高的慈善组织也纷纷自查自纠，更新规章制度，完善内部治理体系。

《2006年养老金保护法》的公布、实施，标志着美国30多年来最全面的退休基金制度改革，虽然它不是专门的慈善事业法案，但是包含了一系列鼓励慈善捐赠和改进慈善组织监管的条款，对当时的《国内税收法典》进行了重要修改和补充。修补的内容主要有：对评估师和评估程序重新修订，以防止慈善组织高估实物的捐赠价值；对慈善组织为捐款人购买寿险做出透明性规定；把对慈善组织、社会福利组织和私人基金会某些违规行为的惩罚性征税提高一倍；严管捐赠方，防止慈善捐赠方以此获利；强化支持型组织的监管力度；小型免税组织（年收入不到2.5万美元的组织）也需要向联邦税务局进行年度电子报备（基本情况的简明报表）。最大的修改是，自2007年开始，连续三年不按规定上报年度报表的慈善组织，无论任何联邦免税组织自动丧失免税资格。

2. 州级政府监管

由于众多复杂原因，美国50个州的政府系统（包括州的立法、行政和司法分支）各具特色，不尽相同。哥伦比亚特区，即首都华盛顿由类似州一级的政府系统管辖。如果不算波多黎各、维尔京群岛等海外领地（那里也有负责慈善组织的政府机构），可以说美国的州级政府共有51个（含哥伦比亚特区，如果不算哥伦比亚特区，美国的州有50个。但是，州级政府有51个）。州政府对慈善组织的直接影响体现在三大方面：实施监管、豁免税收和利用慈善组织向社会提供获得政府资助的服务。由于豁免州税须经法定程序，而且各州政府的税收或财政部门对获得本州免税资格的民间组织都负有监管职责，所以州政府对慈善组织的管理必然包括免税监管。

（1）差异化的各州相关法律。在美国，任何一个包括慈善组织在内的民间组织，如果想要正式登记为符合法定组织形式的慈善机构，必须依照所在州的有关法律规范行事，州法决定着各类民间组织在本州范围内的事业运营规则和活动空间。此外，获得州政府认可的非营利机构资质，是向联邦税务局申请《国内税收法典》§501（c）（3）条款组织待遇的前提条件。由于各个州的历史传统、人口状况、经济水准、政府结构和治理能力各异，所以各个州立法机构所产生的规范慈善组织的法律也自然有不小的差别。对于获得联邦免税待遇的组织，有些州会自动认可其享受免税待遇，无条件地给予这些联邦免税待遇组织在本州同样享受免除所得税待遇，但得克萨斯等州则坚决拒绝这样做。一个全国性民间组织在各个州的分支机构，在开展活动时所要遵守的法定规则也可能因州而异。即便在同一个州，老牌慈善组织和新近成立的组织也有可能有不同的法律依据：老牌慈善组织有时由州议会或州的其他机构特许成立，而新组织则必须遵循本州关于非营利组织的法律。

第二次世界大战结束以后，随着跨州的慈善事业加速发展，各州政府和非营利组织越来越重视法制的统一。在考察各个州的制度设计时，不难发现一个非常有趣的现象：多数州立法机关通过的相关法律都出自（或参考）标准法律范本。这些范本的来源并非国会，而是美国历史悠久、声誉卓著、与州政府有着千丝万缕联系的若干非营利性专业组织，有的还是§501（c）（3）组织。这种由非营利组织汇聚法律人才，展开"半民间、半官方"的调研、起草和征询意见工作，从而推动各州立法走向和谐统一的做法始于 19 世纪末期，非常具有美国特色，在一定程度上做到了汇聚民意、博采民智。就涉及慈善组织的立法而言，从 20 世纪后半期起，各州政府逐步采取共同但有区别的做法，对专业组织所提出的标准法律范本中的条款各取所需，或者把它们作为本州立法的重要参考蓝本，以便产生符合通行规则但又充分照顾本州具体情况的法律。由于大多数州的立法机构都原则上接受或者参考了这些法律范本，所以它们构成了各州级政府管理慈善组织的法律体系的核心要素。

（2）州政府的基本监管机构。美国 50 个州和华盛顿哥伦比亚特区政府都有专门机构分管在本辖区正式登记的慈善类民间组织。在州级政府的监管框架中，各地的共同点是本州的最高执法部门——州首席检察官办公室或者州司法部负有主要职责。51 个州级政府的职责分工情况可以归纳为以下三类。

第一类：由首席检察官办公室或州司法部门单独负责监管。这样的州有 31 个。它们是：亚拉巴马州、阿拉斯加州、阿肯色州、加利福尼亚州、康涅狄格州、特拉华州、夏威夷州、爱达荷州、伊利诺伊州、印第安纳州、艾奥瓦州、肯塔基州、路易斯安那州、缅因州、马萨诸塞州、密歇根州、明尼苏达州、密苏里州、蒙大拿州、内布拉斯加州、内华达州、新罕布什尔州、新泽西州、新墨西哥州、纽约州、俄亥俄州、俄勒冈州、南卡罗来纳州、得克萨斯州、佛蒙特州、怀俄明州。

第二类：由州务卿办公室或者州政府相关部门协同州首席检察官办公室或司法机构共同负责监管。这样的州共 18 个。它们是：亚利桑那州、科罗拉多州、佐治亚州、堪萨斯州、马里兰州、密西西比州、北卡罗来纳州、北达科他州、俄克拉何马州、宾夕法尼亚州、罗得岛州、南达科他州、田纳西州、犹他州、弗吉尼亚州、华盛顿州、西弗吉尼亚州、威斯康星州。

第三类是两个特例：首都华盛顿哥伦比亚特区由消费者与监管事务部负责监管；而佛罗里达州则划归农业及消费者服务部负责监管。

值得注意的是，共有 26 个州级政府（含哥伦比亚特区和佛罗里达州），明确地把监管职责赋予消费者保护部门。这样的制度安排说明：美国的慈善组织所提供的服务已经遍及社会各个领域，广大公众作为消费者与这些组织已建立起非常密切的关系。

虽然各个州政府监管机构的设置、名称和权限不同，但基本的制度、指导方针和做法可谓是大同小异。这里必须强调的是，社会具有悠久传统和深厚基础，联邦对公民结社自由的宪法保护已经非常明确，而且在联邦政府的监管不断强化的大背景下，各个州政府对于慈善组织的监管工作并不是侧重监管，而是更侧重提供各种力所能及的帮助和信息服务，侧重对各种组织的理事会成员进行法定责权的教育。难怪有的美国学者认为，美国的法律制度对民间组织采取了相当宽松和自由放任的态度。

如果用一句话概括州政府与慈善组织的关系，那就是美国人常讲的"理事会领导、首席检察官执法"。慈善组织在本州范围内享有充分的独立性，在法律允许的范围内可以最大限度地发挥其能力，运用其资源，实现其使命。有所成就的组织必定由一个优质、高效而且专业的理事会领导。如果哪个组织违法违规，便构成对本州公共利益的威胁或者损害。这时，作为州最高执法官员的首席检察官就必须履行职责，起到捍卫法律、保护本州公众利益的作用。

3.2.4　美国慈善组织的公信力和透明度

美国的公益组织历史悠久，各种法律规章制度较为完善，但是慈善组织的公信力依然不断经历着考验，在每一个时期都需要不断向公众证明其存在的合法性。非营利组织公信力主要包含三个维度：对谁的公信力；为什么需要具有公信力；

如何行为才能有公信力。公信力是衡量非营利组织对其使命的忠诚度。主要体现在其财务管理、理事会治理、是否尊重了捐赠者意愿和组织的使命以及项目的有效性。美国非营利界发生的三个公共事件使得公信力受到了特别关注。

第一个是逃税事件。2011 年美国公共广播电台的筹资发展部高级主管在一次和潜在巨额捐赠者的饭局中建议一位伊斯兰慈善捐款机构代表，以匿名方式捐款来躲避美国国家税务局的审计，而且指出民主党被"茶党"劫持。美国公共广播电台的筹资发展部高级主管是典型的种族歧视分子。但是哪知这名巨额捐赠者系假冒而且对他们的谈话进行了录音。瞬时间美国公共广播电台成为所有媒体关注的焦点，该机构的公信力被公众严重质疑。捐赠人虽有权选择匿名捐款，不被公众知晓个人信息，但是每笔捐款的详细信息必须向美国国家税务局汇报。美国公共广播电台作为全国知名非营利性公共广播电台，捐款者众多，其筹资主管违背职业道德和法律监管的行为被严厉谴责。这次事件也大大动摇了公众对整个非营利行业募款程序的信心，也让人们反思国家税务监管部门是如何管理非营利机构的，是如何决定某个机构是否足够公益并决定向其给予免税权利的。

第二个是捐款诈骗嫌疑事件。在美国公共广播电台事件发生不久，又一个知名公益领袖被公众发现有捐款诈骗嫌疑，捐赠者纷纷起诉。美国公益组织公信力再次被考验，政府的监管再次被诘难。美国畅销书作家葛瑞格·摩顿森因写传记《三杯茶》而闻名。该书描述了他过去 20 年间在阿富汗乡村建慈善学校的经历和见闻。该书成为畅销书以后，很多读者和公众为其创建的慈善组织——中亚学院慷慨解囊，捐款源源不断。该机构通过一系列教育项目来帮助中亚地区女孩的成长、获得平等权益，实现地区和平。奥巴马也是该慈善机构的捐赠者之一，奥巴马从诺贝尔和平奖奖金中捐出了 10 万美元给中亚学院。由于摩顿森声名远扬，被各处邀请演讲和作为客座嘉宾。在一次电视节目中，主持人获得消息：中亚学院滥用善款，并在节目现场当场质疑当事人摩顿森，询问阿富汗的学校修建的绩效如何，千万美元的善款具体用在什么地方等。摩顿森含糊其词，只声称感觉良好。公众哗然，得知该慈善机构把善款主要用于宣传即畅销书推广，而并非用到其承诺的修建学校。该机构也没有评估具体的善款使用、修建学校的数量以及学校的质量等。事件发生后，摩顿森及其工作的慈善组织被其注册所在地蒙大拿州总检察官告上法庭。同时，全国范围内帮助中亚学院筹款的志愿筹款活动都终止筹款，并暂时不转交已经筹来的善款，有的捐赠者还起诉中亚学院和摩顿森本人。这次事件给了捐赠者和非营利组织的管理者一次很好的教训。告诫捐赠者要理性捐赠，多了解信息后捐款，不要跟着感觉走。非营利组织的管理者要吸取教训，要尊重捐款人的意志，对项目绩效认真评估。

第三个是美国联合慈善总会高管贪腐事件。任职美国联合慈善总会首席执行官长达 22 年的威廉·阿拉莫尼，在他的一手带领下该组织被打造成了全美最知名的、最有影响力的慈善机构。在他的组织、领导下，联合慈善总会 1975 年募集捐赠财产达 10 亿美元，1984 年所获捐赠财产翻倍，达到 20 亿美元，1990 年更是获得超过 30 亿美元的捐赠财产。他在联合慈善总会内部被赞誉为"具有远见卓识的天才"人物。然而，也正是在其事业顶峰的 1990 年，一项丑闻令他的所有成就黯然失色，他沦落为美国慈善机构内部贪婪、腐败和傲慢的典型代表。1992 年底，他被正式起诉。法院对其进行审判，结果是阿拉莫尼犯有 23 项罪名之多，获刑罚入狱 7 年。检察官表示："裁决发出的信息是，社会不会容忍那些负责保护慈善机构宝贵资产的个人将其挪为己用。"

威廉·阿拉莫尼丑闻导致美国联合慈善总会陷入灭顶之灾，其在全国范围内的慈善网络几乎沦陷，该机构 1992 年募得捐赠财产骤减 42%，下跌幅度达到成立 40 多年以来之最。

上述三件公信力危机事件的爆发，也正好体现了 2011 年美国非营利组织公信力方面的主要趋势：一是公众、第三方慈善监管机构、捐赠者、检察官等多方参与监管和规范非营利组织；二是目前美国国家税务局批准组织成立和汇总年度报表，但是法律监管的真正执行主要靠各州总检察官，迫于经费和人手的限制，检察官几乎对非营利组织的实际运作的监管无暇顾及，但是公众呼吁政府对非营利组织公信力的政策法规出台日趋强烈；三是美国国家税务局在非营利组织监管上开始迈步，2011 年 6 月，美国国家税务局依法取缔了连续三年没有向税务局交年度报表的 27.5 万个非营利组织的免税资质。

美国还成立了众多第三方监督组织。2001 年诞生的"慈善导航"是目前美国最大、使用频率最高的慈善机构评估组织。它主要考察慈善机构的两个方面：财务健康状况、问责制与透明度。在它的网站上，可以看到美国 9479 家（慈善导航数据截止时间为 2020 年 5 月 20 日，可直接访问网站）慈善机构过去一年（以查询年份的第三个月为计算标准）的财务状况、机构设置以及过去五年（以查询年份的第三个月为计算标准）的报表。由美国各州助理检察总长和其他慈善组织监管官员组成的州慈善组织官员全国委员会还于 2014 年发布了关于互联网与社交媒体筹款的建议，帮助慈善组织和筹款平台了解各自的权利和责任，帮助捐款人做出明智的捐赠决定。从慈善组织角度来讲，政府立法促使资金募集、使用行为法治化，既可以使得慈善组织得到管理，也可以帮助慈善组织进行自我完善，依法行使自己的权利。从公众角度看，需要明确慈善组织募捐的合法性，什么样的慈善组织可以募捐，所捐赠财产是否能真正地用于慈善事业，以及捐赠财产利用的效率，假借爱心敛财的情况尽量避免。如果捐赠财产使用发生偏离，惩治不法分子的法律应该更加完善。

3.2.5　美国捐赠财产监管的启示

中国与美国的文化传承、基本制度以及经济、社会发展所处的阶段完全不同，我们绝不应该也根本不可能简单模仿美国的做法。但是美国监管慈善事业的做法，对于当代中国慈善事业的管理与捐赠财产监督机构设置以及投身这个事业的民间组织有所启示。

第一，依法治理慈善组织。任何国家慈善事业健康发展的前提条件都是法治，美国各级政府对使用捐赠财产的慈善组织管理同样贯穿了法治原则。美国对慈善事业的管理和对慈善组织的执法过程依照法定程序办理，官员所拥有的自由裁量空间极小，并且慈善组织如果对政府执法或者其他决定存在异议，其有上诉渠道。

第二，公众有序参与慈善监管立法。从美国立法历史的发展来看，立法过程历来具有政府与公众互动的传统，公众参与立法表现为普通选民、议员和官员之间的及时有效互动、沟通，还表现为有组织的社会精英的有序参与。我国 2016 年《慈善法》的立法过程也体现了大众参与立法的方式，开门立法，广泛讨论，集思广益，使我国慈善立法获得了最广泛的支持。

第三，监管责任落实到人。监管责任首先要落实到有关政府官员身上，承担监管责任是官员必须履行的义务，在其位而谋其政，谋其政必负其责，履职官员需要认真履行法律赋予的神圣监管职责，尽职尽责，否则就要被问责，就要被查办。其次，监管责任也要落实到慈善组织理事会成员，他们理所应当地需要承担监管的法定及道义责任，一旦出事就必须承担责任。

第四，慈善监管机构公开透明。纳税人需要知道政府官员的监管行为是否公正，监管行为信息是否公开。所以，对于慈善事业的管理者来说，坚持公开透明原则表现为监管者能够认真地贯彻并落实《信息自由法》及相关法规，他们能及时、准确地发表信息，保证能够落实相关组织及公民享有的知情权和监督权。州一级慈善监管机构通常的做法是在官方网页上，向网民提供搜索功能，使广大公众可以方便地查找到本州慈善组织的基本信息。令人赞叹的是加利福尼亚州政府网站给公众提供的搜索功能更为强大，甚至采用盲目搜索方式，公众就可以查到包括任何地区、任何类别或处于任何状况的慈善组织的详细信息。

第五，监管官员协会的工作与时俱进。监管需要法律，但并不总是局限于法律。政府对慈善组织的管理与监督工作，必须跟上现实情况的变化而及时调整、改善。

第六，帮扶与监管并举。管理就是服务。慈善组织在美国是民间组织的重要组成部分，政府与慈善组织的关系不是对立的，应该是合作的关系。所以，政府是慈善组织的监管者、帮扶者，必要时甚至还应该成为保护者。即便是某些富可敌国的超级慈善机构，如比尔和梅琳达·盖茨基金会，也不具备美国政府那样的实力和权势，更何况这样的大型基金会在很大程度上就是《国内税收法典》免税条款激励的产物。

英国、美国均没有慈善法，这也符合英美法律体系的特点，在实行判例法的国家，没有统一的慈善法是很正常的事情。在完善我国捐赠财产使用与监管机制的时候，可以参考英国的慈善委员会设置建立类似的监管机构，参照这些国家或地区的理论和实践，做好慈善组织自律、舆论和社会监督、第三方独立评估等监督机制的建设工作。

第4章 完善捐赠财产使用与监管机制的建议

我国慈善事业长期稳定、健康发展，离不开捐赠财产的支持，更需要严格监督慈善捐赠财产的运作过程，因此，需要完善捐赠财产使用和监管机制。在这个完善过程中，要充分总结我国监管的理论和实践，总结我国捐赠财产使用与监管存在的问题，归纳影响捐赠财产使用与监管的原因。另外，我们也要借鉴西方国家慈善资金监管的经验。现代慈善事业源起于西方国家。对慈善事业规范化及其监管制度建设也同样源起于西方国家。对慈善事业捐赠财产的监管，西方国家相对比较规范。20世纪70年代末80年代初，西方国家进行大规模行政改革，重新界定政府与市场的关系，以此来降低政府管理的成本，同时降低社会付出的成本，提高政府服务水平，提高国家的核心竞争力。这场变革被称为管制改革，也可以称为规制改革。这场巨大变革已经逐步演变成为当今各国管理制度改革的发展方向。为此，我国也可以借鉴西方国家规制改革发展和演化趋势，有胸怀全球化的气度，立足本土的监管机制，采用适合我国政府规制改革的模式，完善捐赠财产的使用和监管机制。从慈善组织外部监管到内部监管的逻辑顺序出发，构建相对独立的捐赠财产监管机构，完善舆论与社会公众监督，引进慈善捐赠财产项目评估，加强慈善组织自律，坚持党对慈善事业组织的全面领导等。

4.1 相对独立的捐赠财产监管机构

定位政府在监管机制上的职能，是政府做好慈善事业的基本前提和保障，也是慈善事业捐赠财产使用和监管机制的前提和保障。真正做到对于慈善事业不仅仅是监管，而是更好地服务于慈善事业，力争能够保证做到对捐赠财产使用与监管管而不死、活而不乱、不越位、不错位、服务慈善事业准确到位，不干涉慈善事业捐赠财产项目的具体实施、运作过程。

政府要适度分权，与民间力量一同共建、共享现代化的社会治理体系。在这个过程中，政府必须节制领导欲望，不必事事主导，不必事事指导，包括指导慈善事业在内的许多公共事务，如何能够做到监督到位才是政府最应该关注的。

2017 年 8 月 17 日，全国性的社会组织资金监管机制正式建立。这个是由民政部门牵头建立针对社会组织的资金监管机制——完全可以视为慈善事业捐赠财产监管新机构，是中共中央办公厅、国务院办公厅印发的《关于改革社会组织管理制度促进社会组织健康有序发展的意见》中的明确要求，也是提升社会组织监管效能的现实需要；要求各部门要深刻领会党中央、国务院关于社会组织资金监管的重大决策部署，切实履行监管职责，着力加强部门协同和工作衔接，有效发挥机制的综合监管平台作用，将社会组织资金监管工作落到实处。

4.1.1 独立的捐赠财产监管机构

一般监管部门的设立，取决于政府在规制改革创新过程中的整体规划设计，为此，政府要分类推进社会监管机构改革，对于慈善事业捐赠财产监管可以采取相对独立的监管体制。

1. 选择适合的独立捐赠财产监管机构

根据以往经验，捐赠财产监管机构的具体设置完全可以有不同的方式。既可以设置在行政部门内，也可以在行政部门之外单独创立。捐赠财产监管机构究竟在行政部门之内或者之外不必统一规定，具体的设置应根据行政部门承担的具体职责，按实际情况分类，具体推进捐赠财产监管机构改革。但是必须明确的是，无论捐赠财产监管机构设置在行政部门之内还是行政部门之外，其必须以独立的形式存在，不可受制于其他行政部门。综合过去我国政府监管机制设置的具体实施情况，目前，我国的社会监管部门有如下几种类型。

第一种类型是政监合一型监管机构，将传统行政部门与监管部门直接合并，监管规则的制定与执行同属一个部门，差别只是在内部设立不同司局，部委内部实行分工负责制。这类社会监管机构的核心特征为坚持党的领导，以协调政策与监管的关系。

第二种类型是适度分权型监管机构，这种类型的监管机构一般情况下都从属于行政部门，如交通运输部管理下属的国家邮政局、国家卫生健康委员会管理下属的国家中医药管理局。通过法律授权，赋予这类机构在规定事权范围内可以制定监管政策，同时，在政策执行中使其具备独立性和自主性，这样有利于加强监管执法威慑力和有效性。

第三种类型是行业咨询型监管机构，这类监管机构具有特殊性，原因在于其产生的历史背景。虽然带有社会组织性质，但是兼具官方或半官方背景，属于改革开放的必然产物，机构改革使一些原有的专业部委撤销后转变成行业协会、专业委员会，如国家标准化管理委员会等。这类监管机构在改革中必须要划分并处理好市场的职权边界，否则容易越界。

第四种类型是独立型监管机构，此类监管机构独立于行政部门之外，其机构可以采取委员会制。全国性的这类监管机构直接归属国务院，不受传统政府部门的监管。其机构的人事、经费、职责完全独立。自主制定政策并且高效贯彻执行是这些机构能够提高监管效能的关键因素。

2. 捐赠财产监管机构的类型选择

捐赠财产监管机构最好能够选择第四种类型，也就是独立型捐赠财产监管机构，其独立监管慈善事业组织捐赠财产，不受行政机关、社会团体和个人的干预，这是慈善事业期待的目标，同时也是慈善事业发展的要求。

从设立慈善事业监管机构的谋划阶段，就要充分考虑如何才能真正发挥慈善事业监管的职能。在其独立监管职能的设计阶段，就要能够充分展现出依法开展监管事业的理念，以便能够做到各个慈善事业监管机构之间避免相互攀比行政级别，尤其是慈善事业某些领域出现重大问题后，不是想办法利用现有的组织机构加以解决，反而希望通过升格监管机构的行政级别，提高自身组织的权力来解决工作中产生的所有问题。通过行政级别升级把问题暂时压制下去，而没有实际地解决问题，这样的方法，治标不治本，这种总是企图回归过去的传统习惯性思维模式，会导致行政管理方式的落后，这种方法改变不了传统的管理方式。独立型监管机构设立的目标是依法监管慈善事业，而不是借机把慈善监管机构无限升级。

按照过去习惯的行政管理方式设计慈善事业监管部门，不会与原有的行政部门有什么实质性区别，如果说改变那也只是名称上的称谓不同而已。即便是按照原有的方式解决问题，也是治标的办法。由于政府行政资源的有限性，不可能无限制地提高行政机构级别，以行政方式设立监管机构貌似改革，但是，其所谓改革的必然结果一定会面临越来越紧张的行政资源稀缺性问题，与社会对独立监管机构日益增长的需求产生尖锐的矛盾。更为严重的是，以强化监管之名实施行政管理之实，即使在政策的驱动之下短期有效，长期而言必然会像传统行政管理方式一样，无法实现法治政府的基本要求，会迅速为实践所抛弃，成为改革的对象。所以，转变原有设立行政机构的思维模式，对于解决中国当前面临的监管机制改革问题具有一定的启示。因此，慈善事业监管组织制度建设的当务之急，要从"官本位"的传统思维模式中解脱出来，从源头开始，在慈善事业监管机构设立的初始阶段，就要取消或者至少淡化其行政级别设置的想法。

当然，这一转化过程一定伴随着艰难的过渡时期。行政级别设置的高低、职权范围，是新中国的一项重要制度创设，是我国治理模式中的一项重要制度，该项制度贯穿于社会生活的方方面面。改革开放以来，原有国有企业首先脱离这一体制，企业的行政等级已不复存在，企业的管理层早已不再享受行政级别待遇。现在行政级别改革已经涉及高等学校，大学行政体制改革取得的成绩不太显著，至少大家所能体会到的大学行政体制改革，暂时还没看到太多的成效。在现有事业单位改革进程中，提供公共服务的事业单位本来的性质就是非政府系列的行政机构，取消其行政级别及其管理者的行政级别待遇，早已成为人们的共同意愿，天下有识之士更是满怀信心。在慈善事业建设过程中，监管机构更应当尽早摆脱行政级别的藩篱，应该成为慈善法律制度的坚强执行者和守护者，尽到自己应尽的义务。这就需要相关部门赋予其绝对的权威，使其在法律的庇护下，没有任何个人或组织能够对其采取干扰行动；这需要有关部门授权，给予其应有的地位，这一地位的取得不依靠行政级别，而是通过法律取得的。只有具备了这种地位，才能使其忠实地对法律负责，而不是对威权负责，才能独立、自主和公正地履行法律所赋予的职能。

建立慈善事业依法、独立监管的制度，维护法律尊严与权威，维护慈善事业正常发展的秩序，是慈善事业发展的根本保障。依法办事是一切制度建立和实施的基础。真正树立依法监管慈善事业的现代社会法治观念，不仅关乎独立监管机构的生存，在某种程度上也决定着中国政府在社会治理结构中的未来走向和行政事业改革的最终归途。法治化要进行一系列扎扎实实的基础性制度建设，会涉及慈善事业捐赠财产监管机构的组织、职权、程序、保障、监督等各个方面，法律法规应该明文规定。

（1）捐赠财产监管机构所设立的组织机构，拥有的职权范围均需要经法律明文规定，予以明确。其变更须经法律程序修改，否则不得任意变动。捐赠财产监管机构编制内的正式员工，特别是其法定负责人，应该享有任职保障制度，除非有正当的法定事由，任何个人或组织没有权力将其调动、调离现有岗位，降低其职务，或者免去现任职务。与此同时，任何个人或组织也没有权力随意降低或者相应减少捐赠财产监管机构任职的工作人员的薪酬，或其应该享有的待遇。与此相应的规定必然是，捐赠财产监管机构的员工，不得在任意条件下，参与任何可能与其任职行为引起利益冲突的活动。

（2）捐赠财产监管机构，可以独立行使权力，制定捐赠财产具体使用与监管的规则，制定资金执行中的相关细则，有权裁决在使用捐赠财产过程中产生的争议，捐赠财产监管机构在行使这些权力时，任何个人和组织不得进行干预和阻挠。

（3）捐赠财产监管机构依照法定程序，严格要求自己，行使权力，在行使权力过程中，本着行政公开化原则，使公众尽可能参与监管。

（4）捐赠财产监管机构所需要的活动经费，应全额拨付，由财政预算保障，而且不能够违规任意扣减。

（5）捐赠财产监管机构做出的行政性决定，对受监管对象应该有救济渠道；捐赠财产监管机构对其违法行为可能造成的损害应该承担相应的赔偿责任；捐赠财产监管机构应接受国家权力机关的法定监督和来自公众的舆论与社会监督。有了这些成体系地建设起来的监管制度，才能实现对捐赠财产的独立监管、依法监管，进而实现公开透明、廉洁高效、权责一致的目标。

慈善事业是国家和社会生活的一个重要方面，慈善事业与社会公共利益关联重大，关乎整个社会和谐、幸福和稳定的大格局。对慈善组织必须实施严格监管，才能保证其良好运营，保障其不被违规、违法分子利用，确保其资金捐赠者的利益及慈善组织的公益属性不会变质。

要实现对慈善组织全过程监管。从慈善组织注册登记、项目运行的各个环节，直至解散，都要进行监管。尤其是慈善组织解散时，监管其剩余财产去向，必须保证其剩余资产用于慈善目的，避免捐赠财产的流失，使捐赠财产发挥最大效益。

独立的捐赠财产监管机构对慈善组织监管行为一般的目的和原则体现为以下几点。

（1）确保慈善组织的运作在法律规定的范围之内，其行为规范必须符合法律、法规要求。

（2）通过监管公共利益的实现程度，以保证慈善组织的目标要求，防止慈善组织从业人员利用各种手段来牟取纯粹的个人私利或进行非法的利益输送。

（3）发现并及时制止慈善组织或成员管理不当或故意滥用职权的行为。

（4）确保慈善组织能够独立运作以及在运营过程中免于遭受外部干扰和影响。

（5）确保从事慈善事业的组织具有公益性，同时保障其享有减税、免税等优惠政策。需要独立监管部门对慈善组织的资金进行有效管控，确保慈善事业捐赠财产正当地被使用，杜绝捐赠财产的各种意外流失。

从世界范围来看，各国对慈善事业捐赠财产监管机制的方案，并无绝对的优劣之分，即便是慈善事业发展和管理较好的英、美等国家，其慈善事业发展也不是一帆风顺的。但总体上讲，很多政府对慈善组织的监管机制正在发生一定程度的改变，正在从统治模式向治理模式逐步转变，其转变的根源在于政府治理的转变。

新时代我国政府也十分强调社会监管部门治理模式创新。体现在政府新的慈善治理结构改革中，就是要保证慈善组织能自由地生存与发展的同时，而不游离于独立的政府监管机制之外。政府与慈善组织需要各负其责的同时，也需要保持慈善组织的独立性，以便使其更好地承担相应的社会责任。

社会职责的发展、变化直接决定了慈善组织的生存与运作模式，慈善组织需要承担自身应尽的责任、义务。政府更需要扮演好监管者的角色，具体而言，明晰政府在慈善监管中的主体和主导地位。确立政府监管主体的法律地位是慈善监管解决的重大原则问题。另外，应当确立政府部门设立的专门慈善监管机构，规范、监管慈善捐赠财产的流向。与此同时，充分发挥和动员舆论与社会监督和网络等新媒体的舆论监督作用，关注并督促慈善捐赠财产使用的流向，为营造一个健康的慈善环境提供正能量。

3. 设计好独立的捐赠财产监管机构

黑龙江省社会捐赠管理中心是全国第一个在民政厅机构内设立的独立捐赠财产管理机构。该中心隶属黑龙江省民政厅，成立于2008年，按照行政事业单位划分属于公益一类，虽然在黑龙江省范围内负责监管捐赠财产，担负的责任非常重大，也只能享受正处级事业单位管理待遇。工作的主要职责是负责指导、监管全省各类基金会、慈善协会等民间组织的业务工作。该中心成立以来，在捐赠财产监管方面做了大量的工作，使黑龙江省的慈善事业有了很大的发展。虽然黑龙江省在全国的经济增长排名中不太令人满意，但是慈善事业发展还是相对比较成功的。即便如此，十几年发展下来，这个独立的捐赠财产监管机构面临着许多难题，解决这些难题需要全国性的统一安排和部署。据实地了解（笔者曾参与该中心招聘工作，对该中心的发展十分挂念），该中心第一批面向社会公开招聘的人员，已经所剩无几。

目前情况下，独立的捐赠财产监管组织，是否需要在各级民政部门组织系统内部统一设立，本身不是慈善事业监管研究的最终目标。捐赠财产独立监管的目的是促使慈善公益事业能够科学地、健康地、稳定地运行下去。在设立独立捐赠财产监管制度时，就需要我们必须首先解决独立的捐赠财产监管机构面临的各个方面的实际问题。例如，组织机构的具体设计、职权的级别大小、监管程序的确定、机构的保障机制、监督权限等。

目前，我国确实需要建立对慈善事业捐赠财产的独立监管机构，未来对慈善事业机构的监管一定属于独立监管。独立监管机构必须是垂直管理的，不受政府或个人的干扰。捐赠财产独立监管机制才是发展的方向，捐赠财产政府行政监管永远代替不了捐赠财产独立监管。为此需注意以下两点。

一是认清捐赠财产行政监管与捐赠财产独立监管的差别。捐赠财产行政监管的主要特征是基于上下级之间领导与被领导关系，通过行政命令的方式对捐赠财产进行监管。一旦发生争议，则需要捐赠财产行政机构的更高一级行政机构的介入协调争议；捐赠财产独立监管的主要特征是基于分散化的治理模式。在该模式下，捐赠财产独立监管实行的原则是：该谁管的就应该归谁管，而且必须管好；不该管的就放手，坚决不管。捐赠财产独立监管机构必须依法独立监管，绝不受来自各级组织或个人的干涉，其监管行为只对法律负责。如果确实有争议发生，可以选择司法途径或者其他无利害关系的第三方加以解决。

我们主张建立的捐赠财产独立监管机制所具有的优势在于：只有建立捐赠财产独立监管制度，才能真正使捐赠财产监管工作做到位，不越位地去使用捐赠财产。因此，我们的慈善事业捐赠财产监管制度最迫切需要的是尽快落实独立的捐赠财产监管制度改革方针。

二是解决独立捐赠财产监管制度的难点。捐赠财产独立监管必须要从过去的行政化思维中彻底解放出来。说到底，捐赠财产独立监管的本质侧重于要求服务好被监管对象，并帮助好和管理好慈善事业发展工作，捐赠财产独立监管机构要有独立性才能完成好本职工作，捐赠财产监管工作必须从行政化监管中解放出来，逐步走向捐赠财产独立监管之路。

4.1.2　确定捐赠财产监管边界

独立的捐赠财产政府监管不同于传统的慈善事业行政管理的根本之处在于，它既不是涉及慈善事业捐赠财产的事情什么都管，也不是放手对慈善事业捐赠财产什么都不管。使其合理地确定独立的捐赠财产政府监管的边界，这件事情尤为重要，不能放弃捐赠财产监管的根本职责，更不能回到对慈善事业什么事情都想着去管的老路上去。

更为科学合理地界定独立的捐赠财产监管的边界，构建一个能够有效治理捐赠财产的良性结构。在开展捐赠财产捐助领域边界确立的问题上，黑龙江省社会捐赠管理中心的做法值得我们借鉴。该中心是全国省级系统成立最早的具有独立管理职能的社会捐赠管理中心。据黑龙江省社会捐赠管理中心的有关人士介绍：该中心目前承担全省各类慈善协会以及基金会等民间慈善组织的业务监督管理工作；负责组织、指导来自国际和国内的社会捐赠财产或物资活动；办理接收、管理捐赠款物的行动；开展慈善事业宣传工作和救助活动；与国际和国内相关社会捐赠组织相互展开交流合作。

4.1.3 对重大捐赠财产即时监管

依稀记得美国慈善大王卡内基说过，赚钱凭借水平和能力，花钱是一门艺术。不是谁都会花钱的，别人捐赠的钱更是不能乱花的。捐赠财产的监管工作不能仅仅停留在事后的查账上，最好在事情发生前就预防性地做出方案，不好的结果发生前能给予解决，才是最佳的监管。对重大捐赠财产的使用更是要实行即时监管。

对重大捐赠财产即时监管发端于2008年。早在2008年震惊世界的"5·12"汶川抗震救灾所激发的慈善行为，已经给慈善捐赠财产即时监管带来了机遇与挑战。面对突如其来的、前所未有的、极度膨胀起来的天价善款，接受者学会如何使用善款已经变成了一个实际问题；捐赠人同样也面临着日渐增加的对慈善捐款使用的种种质疑，面对这种局面，需要监管部门采取措施，多管齐下，积极应对。

面对汶川地震的巨额捐赠财产使用可能面临的混乱局面，财政部制定并及时下发了《关于加强抗震救灾资金物资监管的紧急通知》《关于四川地震灾害救灾采购管理的紧急通知》。国务院办公厅印发了《关于加强汶川地震抗震救灾捐赠款物管理使用的通知》，在文件中明确提出："各级人民政府有关部门要切实加强对救灾捐赠款物管理使用的监督检查，建立部门监管协调配合机制。民政部门要会同有关部门及时查处和取缔各类非法募捐活动。公安、司法部门要坚决打击借募捐名义从事诈骗活动等违法行为。审计、财政部门要对救灾捐赠款物接收部门和单位相关工作进行跟踪检查，定期公布检查结果，发现问题及时处理。监察部门要对救灾捐赠款物的管理使用情况，以及有关部门履行监管职责的情况开展专项检查，对违纪违法的单位和个人要迅速查办，从严处理。新闻媒体要充分发挥舆论监督作用，及时披露救灾捐赠活动中的违法违规行为。救灾捐赠款物接收部门和单位要加强内部监管，建章立制，自觉接受监察、审计、财政等部门及社会的监督。"2008年5月29日，中共中央纪律检查委员会、监察部颁布了《抗震救灾款物管理使用违法违纪行为处分规定》，2008年5月31日，国务院办公厅发出了《关于加强汶川地震抗震救灾捐赠款物管理使用的通知》，通知严格要求各地加强对抗震救灾慈善捐赠款物的管理及其使用。2008年6月1日，民政部颁布《汶川地震抗震救灾资金物资管理使用信息公开办法》。第七条规定："各接收部门和单位应当主动向社会公开以下事项：（一）接收抗震救灾捐赠资金的来源、数额，分配去向、用途、数量及使用结果；（二）接收抗震救灾捐赠物资的来源、数额，分配去向、用途、数额；（三）发放资金、物资的流程；（四）其他需要公开的事项。"第十四条规定："民政、监察、财政、审计等部门加强对抗震救灾资金和物资管理、使用公开工作的监督检查。"第十五条规定：
"接收部门和单位应当安排专人负责做好捐赠人和社会对抗震救灾捐赠款物发放
管理和使用情况询问的答复工作，主动接受审计、监察等部门、社会各界和新闻
媒体的监督。"

　　虽然此次监管措施政出多门，时间准备相对并不充分，但监管的实际效果还
是比较明显的。2008 年汶川抗震救灾，获得最大数额公开募捐的机构当属中国红
十字会。中国红十字会最早于 2008 年 6 月 1 日迅速在官方网站上公布了其首批采
购和向灾区发放拨付款项明细单。另外一个机构是中华慈善总会，其为从事灾后
慈善救助的主要运行机构，该机构早在 2008 年 5 月 20 日就开始公布每日的慈善
款项收支明细。中国红十字基金会在 2008 年 6 月 2 日，根据中国红十字会总会、
民政部、国务院抗震救灾指挥部的有关规定和文件，及时制定了《中国红十字会
募捐和接受捐赠工作管理办法》。从上述情况可以看出，有关基金会突发性慈善捐
赠行为的相对完善的监督体系已经初步建立起来。

　　2008 年 5 月 20 日，中共中央纪律检查委员会、监察部、民政部、财政部、
审计署等五部委下发了《关于加强对抗震救灾资金物资监管的通知》，并立即派出
工作组现场监督。

　　中共中央纪律检查委员会、监察部已派出两批共 5 个专项检查组，分赴受地
震灾害影响的四川、甘肃和陕西三省——汶川地震并非仅仅局限于四川省汶川县，
而是以汶川县映秀镇为地震中心，其波及面影响到了甘肃、陕西部分地区。中央
有关部门、社会组织、群众团体配合检查组，共同对款物监管工作机构的设置和
运行，国内外社会捐赠款物管理使用，由灾害导致的困难群众临时生活救助金、
救济粮和人员基本生活费发放以及住房建设补助的执行情况开展了专项检查。同
时，设立举报投诉电话或信箱。

　　王海京说："中国红十字会开展的所有项目在结束后都要接受政府或社会审
计部门的审计。中国红十字会已经向全社会承诺，这次地震灾害的捐款将全部
用于本次抗震救灾工作。"这里面主要包括两方面的信息：一是在紧急阶段，主
要用于救灾物资的采购；二是用于灾后重建。他表示，中国红十字会在执行救
灾项目时，对其捐赠物资的发放会进行抽查。项目结束后，进行项目审计时，
也会对发放情况进行抽查。这项工作每年都会进行。据他介绍，中国红十字会
主要依据《中华人民共和国政府采购法》进行救灾物资采购，最常用的采购方
法是公开招标。具体公开招标的程序，也是按照法律有关规定进行，首先确定
需求，制订招标文件，在网上公开发布，其次由企业投标，从国家招标中心专
家库当中随机抽取评标专家，再次是评标，最后确定中标企业。多年来，中国
红十字会通过此种方法招标了许多救灾物资采购企业，关于此方面的内容可以
登录中国政府采购网进行查询。武汉的新冠疫情捐赠财产即时监管在实践中取

得成效。尽管中国红十字系统在武汉防疫捐赠物资的工作中饱受非议，但截至2020年4月18日，中国红十字系统接收的社会各界捐赠财产及物资总价值，已经创造了中国捐赠财产历史新高。据经济观察网报道，中国红十字系统的一位负责人于2020年4月22日向经济观察网的一位记者介绍，截至2020年4月20日，中国红十字系统接收到的用于支援新冠疫情防控的社会捐赠款物价值已接近210亿元。这已经超过了2008年"5·12"汶川大地震时的199亿元，为新的历史之最。

对于如此巨额的捐赠财产，加强监管工作是必须立即着手解决的问题。2020年4月23日，武汉市审计局办公室主任汪涛告诉经济观察网记者，对于武汉市红十字会、武汉市慈善总会等机构接收的社会捐赠财产和物资，由审计署派员直接到武汉来审计；各医院所获得的捐赠财产和物资，也是由审计署来延伸审计。2020年4月23日，武汉市中心医院审计科的一位受访工作人员对经济观察网记者表示，该部门一直在做捐赠物资的内部审计工作，但截至目前，还未接到上级机构或外部机构要来审计的通知。

4.1.4 对基金会分类执行捐赠财产监管

在借鉴其他国家或地区慈善事业捐赠财产的使用经验基础上，我们完全可以在将来把捐赠财产的筹集和使用相对分开进行。例如，根据美国国家慈善统计中心数据，截至2009年10月全美共有私立基金会11.8423万家，90%以上的私立基金会专门为慈善事业提供资金支持，自己不具体经办慈善项目，所以也被称为资助型基金会或者非执行基金会。少数基金会直接设立和管理慈善项目，或在向其他慈善组织提供资助的同时也开展慈善活动，被称为执行基金会。

李连杰倡导建立的"壹基金"曾经面临过这类问题。壹基金由李连杰先生于2007年创立，以"尽我所能，人人公益"为愿景，搭建专业、透明的公益平台，专注于灾害救助、儿童关怀与发展、公益支持与创新三大领域，致力于成为聚合公益力量的创行者。"中国红十字会李连杰壹基金计划"和"上海李连杰壹基金公益基金会"两个板块组成的壹基金不是一个独立的公募基金会，按照现行的制度，壹基金就要具备独立的公募资格才能解决壹基金体制不顺的老大难问题。最后的结局是，深圳市民政局批准成立了"深圳壹基金"。深圳壹基金公益基金会是国内最早的民间公募基金会之一，是深圳市5A级社会组织，并连续八年保持信息公开透明度满分。

2010年《中国慈善发展报告》以申报2009年度"中华慈善奖"的247个项目中的20项获奖项目为分析对象，依据组织形式、项目内容、受益对象分别将慈善项目归纳为以下不同的类型。

按项目组织形式来划分，慈善项目可以划分为民间非营利组织的慈善项目，如沈阳市职工爱心慈善基金会的"爱心午餐"；企业发起并联合其他机构实施的慈善项目，如中国儿童少年基金会与恒源祥集团共同发起主办的"恒爱行动"；由中华慈善总会及社会服务机构执行的慈善项目，如中华慈善总会的"格列卫患者援助项目"；国家机构的慈善项目，如中国扶贫基金会的"爱心包裹项目"。

按项目内容划分，可以分为健康与医疗，如嫣然天使基金；教育与研究、社会服务，如蓝天春蕾计划；扶贫、扶弱与发展，如慈安桥；人口与性别，如晨露国际郑州爱童园——服刑人员未成年子女救助保护项目；其他领域。

按受益对象来划分，可以分为以学生、教师为受益对象的，扶助贫困及弱势人群包括残障人士、老人、妇女、儿童、灾民等项目以及其他类别。可以说，以上分类较为全面地反映了我国慈善项目的发展现状。

对于分类项目的监管工作，我们的捐赠财产监管机构按照项目的方案分别监督管理。分工可以提高生产力，也可以提高捐赠财产的使用效率。专业化分工历来是现代社会发展的动力，把筹集起来的捐赠财产分成具体的项目，由公共基金会或执行基金会负责项目的运作，这样一来就能很好地解决捐赠财产的获得与使用上的难题。类似青海玉树地震捐赠财产汇缴的问题也可能得以解决，政府也不必过多担心捐赠财产的使用问题，可以专心负责监管捐赠财产工作。李连杰也不必费尽心思单独成立深圳壹基金才能解决面临的难题。剩下的事情交给第三方评估机构来完成。最后，捐赠财产使用与监管问题也会顺利解决。

4.2 舆论与社会监督

舆论与社会监督反映在慈善事业上就是指独立的捐赠财产监管机构、慈善组织之外的社会组织和人民群众，对慈善组织的捐赠财产使用情况所进行的间接监督行为，舆论与社会监督虽然也是对捐赠财产监督的一种形式，但是这种监督不具备直接的法律效力。

《中华人民共和国慈善法》第九十七条明文规定："任何单位和个人发现慈善组织、慈善信托有违法行为的，可以向民政部门、其他有关部门或者慈善行业组织投诉、举报。民政部门、其他有关部门或者慈善行业组织接到投诉、举报后，应当及时调查处理。国家鼓励公众、媒体对慈善活动进行监督，对假借慈善名义或者假冒慈善组织骗取财产以及慈善组织、慈善信托的违法违规行为予以曝光，发挥舆论和社会监督作用。"

舆论和社会监督捐赠财产，是宪法和法律、法规赋予舆论与社会监督慈善事业的权利，评价捐赠财产使用时以法律、社会及慈善事业职业道德规范为准绳，对涉及慈善组织的任何行为都可以进行广泛的监督。舆论与社会监督行为主要有公民监督和舆论监督两种，其组成部分是不具有国家权力的社会团体、各政治党派、大众传媒、群众组织和公民个人等社会力量，直接体现了人民主权原则。

4.2.1　舆论与社会监督的特点及作用

舆论与社会监督的最显著特征有两个：一是非国家权力性；二是非法律强制性。舆论与社会监督具有的这两个特征，似乎是虚幻的、没什么实际作用的，实则不然。舆论与社会监督的实现，在很大程度上取决于一个国家的民主化水平和相关人员的法律意识、民主观念、道德水平以及舆论的作用。在当今现实社会中，舆论与社会监督对捐赠财产监管作用巨大。具体体现在以下几个方面。

第一，舆论与社会监督本身具有广泛性。虽然舆论与社会监督本身不具有独立的慈善捐赠财产监督机构所具有的能够运用国家权力的职能，但其在监督内容、客体、主体、影响和范围上具有相当的广泛性和普遍性，监督方式以及监督途径上的灵活多样，使其成为慈善事业捐赠财产监督体系中不可缺少的重要组成部分。

第二，舆论与社会监督的发展程度具有明显标志性。舆论与社会监督的广度、深度和程序的完善，与一个国家民主、法治的发展和社会的进步呈正比例关系，往往标志着一个国家民主、法治发展和进步的程度。

第三，舆论与社会监督本身具有启动性。虽然舆论与社会监督本身不具有独立的慈善捐赠财产监督机构所具有的强大国家强制力以及直接的法律效力，但舆论与社会监督积极、主动的监督方式却可能引发并启动独立的捐赠财产监督机制。

4.2.2　慈善事业舆论与社会监督新途径

完善慈善事业社会监管机制，要建立慈善事业舆论与社会监督网络体制。

慈善事业舆论与社会监督的"互联网+"用俗话来说就是"互联网+慈善事业舆论与社会监督",但慈善事业"互联网+"机制并非简单地把两者相加就可以了,而是需要利用信息通信技术建设网络互联平台,让互联网、慈善事业舆论与社会监督进行深度融合,创造出新的慈善事业舆论与社会监督发展生态环境。"互联网+"与慈善事业相结合,慈善捐赠财产信息公开不断推进,相关信息资源变得丰富,易于获取,舆论与社会监督网络的形成,对慈善事业发展有极大好处。

"互联网+"为舆论与社会监督慈善事业带来了机遇。互联网通常又被称为"自由的信息公社"。随着智能科技不断发展,"互联网+"概念的提出和深入社会实际生活,将有助于推进互联网与慈善事业捐赠财产社会监管的跨界融合。建立、健全舆论与社会监督网络,形成慈善事业的舆论与社会监督工作机制。互联网技术出现之前,大众对于各种慈善事业信息的获得,仅仅限于政府公告栏、报纸、电视等传统的传播媒介。互联网技术的出现,改变了人们获取慈善事业发展信息的途径,使得社会各领域、各行业编织出无数张连接与反馈互动共存的信息网,慈善事业捐赠财产信息通过互联网变得易于获得。通过互联网,信息传播、过滤次数少,有利于慈善组织的工作,也有利于提高慈善组织的公信力。"互联网+舆论与社会监督"会防止慈善组织内部不作为等现象发生。相关政府监管机构可以凭借这一途径,了解、掌握慈善事业捐赠财产使用中所发生的问题,并根据网络提供的线索展开调查,依法依规处理慈善事业捐赠财产中的问题。

4.2.3　舆论与社会监督的几种主体形式

舆论与社会监督的形式大致有如下三种:舆论与社会监督中的捐赠财产公众监督;舆论与社会监督中的捐赠财产社会团体监督;舆论与社会监督中的舆论监督。

1. 舆论与社会监督中的捐赠财产公众监督

广义上的捐赠财产公众监督,主要是指社会公众通过批评、建议、检举、揭发、申诉、控告等基本方式,对慈善组织及其工作人员权力行使、行为的合法性与合理性进行监督。现代社会需要不断扩大公众参与范围,方便社会公众了解慈善组织发展情况,因为社会公众是最广泛的捐赠财产监督主体。公众监督也包括加强慈善事业内部人员的监督,保障组织内群众的捐赠财产监督权,鼓励慈善组织内的群众监督、举报各类隐患。公众监督还应包括注重推广有关地区和慈善事业单位加强捐赠财产监督工作的经验做法，提高捐赠财产监督实效。

2. 舆论与社会监督中的捐赠财产社会团体监督

社会团体监督主要指各种社会组织和利益集团对独立捐赠财产监管机构和慈善组织捐赠财产的监督。社会团体可以通过对话、舆论宣传等形式，构成对独立捐赠财产监管机构和慈善组织捐赠财产的监督。充分加强与人民群众团体（如工会、共青团、妇联）、文学艺术团体（如作家协会）、社会公益团体（如残疾人基金会）、学术研究团体（如思想政治教育学会）的沟通，依法维护和落实社会团体对慈善事业资金使用的知情权、参与权和监督权。

3. 舆论与社会监督中的舆论监督

捐赠财产舆论监督是指社会利用各种传播媒介和采取多种形式，表达和传导有一定倾向的议论、意见及看法，以实现对慈善组织捐赠财产运行过程中偏差行为的矫正和制约。建立慈善组织捐赠财产舆论监督反馈机制，对新闻媒体有关的批评性报道，要本着有则改之、无则加勉的态度，实事求是地及时进行调查和处理。并在报道后，将整改结果或查处进展情况向有关部门和新闻媒体反馈。

4.2.4 主动配合舆论与社会监督工作——中国红十字基金会的经验

这些年，中国红十字基金会新闻不断，如何解决其工作中出现的问题已经刻不容缓。认识自身存在问题是解决问题的前提条件，中国红十字基金会在危机面前勇于面对问题，并本着负责的精神，在力所能及的情况下，努力改正自身的缺点，营造良好的社会形象，争取重新获得社会的认可，但是被社会认可的道路一定是艰难的。然而必须要坚持下去，不能放弃。努力奋斗总会迎来灿烂的明天。而且，实践的结果就是中国红十字基金会经过这些年的努力，终于取得了令人满意的成绩。

1. 做好项目的前期准备工作

让社会相信慈善组织的公信力，且中国红十字基金会有能力把事情做好，借助媒体的力量，引导社会舆论走向。

（1）高度重视舆论监督工作的重要作用。现代社会舆论可以决定一个公司或企业的生死存亡，三聚氰胺毒奶粉事件使得三鹿集团不复存在。这就是典型的舆论监督发挥了作用的例子。

（2）坚持舆论监督工作的原则要求。按照党的大政方针和方向，坚持把群众利益放在第一位，把扶危济困作为第一需求。

（3）实时把握当前舆论监督的动向。

（4）支持新闻媒体正确开展舆论监督。

（5）强化新闻媒体在舆论监督中的社会责任。媒体需要保证公开、公平、公正地宣传、报道慈善事业发展中的正面消息，引导舆论走向。

（6）强化党组织在舆论领域的领导作用，加强对舆论监督工作的领导。

2. 公益项目和专项基金中的舆论与社会监督

设计并实施公益项目是公益组织的重点核心工作之一，而专项基金已经成为公募基金会的重要甚至主要的资金来源，刘选国（2012）表示："中国红十字基金会一直探索在专项基金管理中实现有效监督，并已取得一定成效。"

（1）对公益项目的实施实行资助评审制度。针对公益项目的资源供给不能满足申请需求的情况，为了更加公开、公正、公平地开展资助工作，中国红十字基金会组建资助评审委员会，邀请社会有关方面人士担任评审委员。例如，救助白血病患儿的"小天使基金"、救助先天性心脏病患儿的"天使阳光基金"、"5·12"灾后重建项目公开招标等均成立了这样的资助评审委员会。评审委员会中的社会各界人士及专家代表社会公众，通过投票决定资助名单，共同对公益资源的资助方向进行决策，从而实现对中国红十字基金会善款管理使用的最直接有力的监督。

（2）专项基金设立管理委员会（简称管委会）。中国红十字基金会专项基金的设立主要有三种方式，除了由中国红十字基金会自主发起设立的基金以外，还包括两种，即由名人、媒体或其他特殊群体倡导发起，面向公众或特定范围人群募捐设立的专项基金；由企业向中国红十字基金会定向捐赠设立的专项基金。为了实现这两类专项基金的管理和决策的民主、透明，以确保基金管理资助工作的规范和效率，中国红十字基金会除了签署基金发起或捐赠协议书以外，还成立由基金发起人或捐赠者代表参与的管委会。在实际运作中，管委会是专项基金管理的最高决策机构，每年定期召开 1～2 次管委会会议，讨论基金的募集和资助项目确定等重大问题，审核基金年度财务报告。会议由管委会主任负责召集，须有 2/3 以上管委会成员出席才能形成决议。此举充分尊重发起人和捐赠方的权利和意愿，让他们参与专项基金的重大事项决策，有效实现了发起人或捐赠方作为社会代表的充分参与，实现了公益项目的透明化管理。

（3）成立由各界人士参与的舆论与社会监督委员会。设立舆论与社会监督办公室，公开招募舆论与社会监督巡视员，组织舆论与社会监督巡视员对所实施的公益项目进行实地巡视和全方位监督，陆续发布一系列舆论与社会监督简报，以确保公益项目管理规范、公开透明。这一举措是中国红十字基金会在探索和完善舆论与社会监督机制方面的重大创新，引起了社会公众、媒体舆论和有关部门的高度关注，并获得了一致好评，被评价为"中国公益组织在舆论与社会监督方面所迈出的具有实质意义的第一步"。

3. 舆论与社会监督的模式设计

舆论与社会监督工作的模式设计由三个部分组成，即舆论与社会监督委员会、舆论与社会监督办公室和舆论与社会监督巡视员。可以说，部门的设置和人员的配备是做好舆论与社会监督工作的首要条件，而舆论与社会监督的前期准备工作主要围绕这三个部分的构建而展开。

1）组建舆论与社会监督委员会

舆论与社会监督委员会主要采取了公开邀请的方式，自 2009 年 6 月上旬起，中国红十字基金会通过发函的方式邀请 25 位社会各界代表人士担任舆论与社会监督委员会委员并全部得到肯定的回复。在这些代表人物中，由周瑞金（人民日报社原副总编辑）担任主任委员，并在政府主管部门、公益实务领域、媒体和学界中各选取一名代表担任副主任委员。4 位副主任委员分别是：王振耀（民政部社会福利和慈善事业促进司司长）、徐永光（南都公益基金会理事长兼秘书长）、陈泉（科技日报社原总编辑）、康晓光（中国人民大学中国公益创新研究院院长）。

2）成立舆论与社会监督办公室

舆论与社会监督办公室筹备组于 2009 年 5 月开始运作，初期主要由 2 名中国红十字基金会的专职工作人员组成，前期各项工作得到了办公室以及其他部门的积极支持和密切配合。舆论与社会监督办公室主任由中国红十字会总会监察审计室主任、中国红十字基金会监事张莉担任。

3）公开招募舆论与社会监督巡视员

通过人民日报、中国青年报、法制晚报、新京报、新华网等主流媒体公开招募舆论与社会监督巡视员。应聘巡视员的条件为：有爱心和社会责任感、热心社会公益事业、对红十字事业有了解、为人公道正派、清正廉洁，具备沟通、协调及语言和文字表达能力、可独立撰写监督巡视报告；要求年龄在 65 周岁以下、身体健康、能出差、有时间和精力完成交办的监督巡视工作。曾经从事过纪检、监察、审计、财务、法律、建筑和工程监理，以及医疗、教育、慈善等相关领域工作的，将予以优先考虑。此则新闻得到社会各界热烈响应，总共有将近 500 人报名，经过简历筛选、笔试、面试等一系列环节，最终确定聘任 13 名各具专长的巡视员，并签署了提供志愿服务协议。这些做完之后，组织巡视员参加多次专业培训，以提高巡视员的专业知识水平和业务能力。

4. 发现问题及时整改，由点及面积极推动工作

（1）立竿见影的监督作用。舆论与社会监督巡视员结合自己的专业经验，对巡视项目所提出的质疑或具体整改意见，对于具体项目起到了立竿见影的督导作用，有利于保证项目质量和善款用途。

（2）对项目执行单位起到带头示范作用。监督巡视不仅对于具体的援建项目起到了监督和指导的作用，而且对项目执行方的项目管理也起到了启迪和示范作用，有助于强化项目执行方严格履行协议条款和项目程序的意识，通过"以点带面、以小带大"的方式推动了项目执行方的项目管理工作。

2009 年 12 月上旬（请参阅中国红十字基金会官方网站，中国红十字基金会"监督回访报告"2009 年至 2020 年共计 95 期），中国红十字基金会派出巡视组对重庆市红十字基金会执行灾后重建项目的情况进行抽查巡视。12 月下旬，参照中国红十字基金会的项目督导和巡视模式，重庆市红十字基金会由领导成员带队，组成了 3 个督导小组，对接受委托的所有灾后重建项目进行了一次拉网式的督查和整改，召开项目区县援建工作座谈会。同时，转发了中国红十字基金会的舆论与社会监督简报。按照各项目区县对照简报进行自查，并将各项目中存在的问题进行汇总，然后进行逐一整改。

根据中国红十字基金会项目管理制度，结合舆论与社会监督巡视员的意见和建议，希望两所学校对所发现的问题做进一步核查，对违反协议的责任人予以批评，并将核查情况报中国红十字基金会，保证不再发生类似问题。事件的处理维护了博爱助学项目的公益性、规范性和信誉度，捐赠方对此也表示满意。

5. 吸收合理建议，优化项目管理制度

监督巡视工作人员上任以后，委员会和巡视员从独立的角度出发，主动思考、举一反三，提出了不少合理化建议并被中国红十字基金会采纳，对于提高项目管理质量和机构运作效率起到了积极作用，在项目选择等机构重要决策方面也起到了一定的辅助作用。更多中国红十字基金会"监督回访报告"，请参阅中国红十字基金会网站。可以说，舆论与社会监督对于拓展中国红十字基金会的工作思路、优化整体项目管理起到了有效的促进作用。

例如，2010 年 3 月，巡视组赴四川省巴中市通江县文峰乡巡察"5·12"灾后重建项目。其中，营盘村小学危房改造、援建校卫生室项目非常受学生和当地百姓欢迎。但巡视组发现学校没有公厕、操场泥泞、学生没有课外读物、没有午餐和热水喝，这些问题影响了学生的健康成长。巡视员提出了项目延伸建议，得

到中国红十字基金会积极支持，批准为该项目所涉及的 3 所小学追加项目款，解决学校的公厕、操场建设、修建午餐灶台、购置保温桶等问题，并为 3 所学校各建立一个红十字书库。

6. 提高机构透明度、公信力和品牌影响力

中国红十字基金会主动引进舆论与社会监督，重视与捐赠方、公众之间的沟通和互动，认真落实监督巡视各项工作，积极创造各种条件，提供制度化途径，让捐赠方和社会公众能够通过有序参与实现对公益事业的监督，这一做法为机构发展增添了新鲜活力和前进动力，提升了公益项目的品牌影响力，也提高了中国红十字基金会的透明度和社会公信力。

2009 年 11 月，中国红十字基金会荣登福布斯"中国慈善基金榜"第一名。2010 年中国红十字基金会获得民政部颁发的"全国先进社会组织"光荣称号。这些荣誉的取得，离不开"勇于创新、真抓实干"的机构作风，更离不开中国红十字基金会严于律己的自我要求。

中国红十字基金会的舆论与社会监督机制创新对于完善当前中国公益事业的捐赠财产监管体制具有一定的启发意义，有助于保持公众对慈善捐赠的热情和对公益事业的积极态度，有助于推动中国社会组织的健康、可持续发展和社会主义和谐社会的建设。中国红十字基金会的努力在实际工作中取得了可喜的成绩，具体成就可见图 4-1。

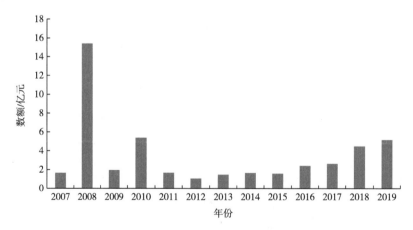

图4-1　中国红十字基金会获得捐赠数额变化情况

资料来源：依据中国红十字基金会官网资料绘制

自 2011 年"郭美美事件"影响后，中国红十字基金会所获得的捐赠财产最少的年份是 2012 年。从此之后，所获得的捐赠财产数额逐年恢复并增长，图 4-1 中各年度捐赠数额的变化情况，完全能够说明中国红十字基金会接受舆论和社会监

督所取得的成效（捐赠财产最多的 2008 年属于汶川地震中国慈善捐赠大爆发的特殊年份，具有不可比拟性）。

中国红十字基金会在主动接受舆论与社会监督方面已经迈出了具有开创性的一步，但毕竟处于摸索阶段，还有很多细节需要完善，很多工作需要探索。未来，中国红十字基金会将通过完善舆论与社会监督相关制度，在探索和完善公益机构监督、促进公众有效有序参与方面还需要不断创新、精益求精，将舆论与社会监督工作坚持下去、做实做好。在 2020 年新冠疫情期间，虽然以中国红十字基金会武汉分会为代表的个别地区发生了一些问题，但是中国红十字基金会总会迅速采取措施，回应了舆论与社会的质疑，对相关责任人员果断处理，对物资进行了相应的调配，化解了危机。相信其他慈善组织在中国红十字基金会的带头示范作用下，也能开展此类行动，从而使得全社会的慈善组织形成一种知错必改的风气，促使中国的慈善事业取得更大的进步。

4.3　慈善捐赠财产项目评估

慈善项目评估，总体而言，是对慈善项目的可行性、实施过程及结果的整体评价。一般分为：项目的前期评估；阶段评估；终期评估。而现实生活中草根非政府组织的项目执行能力不均衡，资助方和执行方的工作理念存在差异，资助方的招标项目管理水平有待提高。在项目评估、信息披露和审计监督等方面，都应该加强捐赠资产的监管工作。

4.3.1　引入第三方对慈善项目进行评估

对慈善事业捐赠财产使用的评估是一个世界性的难题。这里面涉及人的问题，因而不可能以单纯的数字计算为依据。慈善事业资金使用的效果评价必然包括经济效益和社会效益两方面。

慈善事业资金使用监管不同于其他领域的监管，慈善事业的特殊性在于其资金管理的预期目标、运行规则以及评估体系存在根本差别。首先，慈善事业资金的运作不以营利为目的，而是以慈善公益、扶贫济困为根本。其次，慈善事业资金使用的运行规则与一般企业运行不同，企业资金使用的具体操作行为属于商业秘密，不能公之于众。而慈善事业资金运作必须公开、透明、规范。最后，慈善事业资金使用作为整个社会保障体系的重要补充，还必须承载促进社会公平、公正，保持社会和谐、稳定，缓解社会矛盾，降低社会风险等功能。

在当前的情况下，为了更好地促进慈善事业的健康发展。我们需要引入专业的第三方评估组织对慈善项目进行评估。相对来说，专业的第三方评估组织所做出的结论更能够让人们信服。相对而言程序确实很重要，我们必须首先解决评估机制的主体资格选择问题。资金运用得好坏取决于取得捐赠财产的慈善组织，所以对慈善事业资金的考察评估重点必须放在慈善组织的评估上来。

目前，我国对慈善组织的评估和监管工作主要是由民政部门来主导完成的，即民政部门集中把控监管权力，汇聚登记、主管与评估、监管及执法等诸多职能于一身。在这一机制下，权力集中于一个机构，对慈善组织评估全过程中没有其他外部制约的力量参与，参评的组织只能被动地接受评估的结果。这种监管体制制定的评估标准、评估结果可能会受到人们的质疑，评估的结果不太让人们满意，时间一长累积的问题就会很多，势必会影响公众对评估结果以及慈善组织的信任程度。

引入专业第三方评估组织作为捐助资金使用的社会评估力量，来监管慈善事业，定期开展对慈善组织的资质评估与资金使用信用资格定级、评价，这样的转变将会极大地提高慈善组织的公信力，极有可能增加全社会的慈善捐赠财产总额，进而增强人民群众对慈善组织的信心，改善慈善捐赠氛围。因此，慈善事业第三方评估组织机构应当建立自己的独立数据库和官方网站，附加查询功能。捐赠者可以在第三方评估组织的网站上获得参加第三方评估的慈善事业组织机构捐助资金流向信息，以便慈善事业的捐赠人能够随时查询捐赠财产的使用流向与具体用途。财务信息披露评价指标体系构成可参见表 4-1。

表 4-1　中国慈善联合会和中国红十字基金会慈善组织财务信息披露评价指标体系

评价类别	评价维度	评价指标	得分
基本财务信息	基本财务信息完整性	资产负债表	0~3
		业务活动表	0~3
		现金流量表	0~3
		会计报表附注	0~3
		审计报告	0~3
		年度工作报告	0~3
		监事意见书	0~3

续表

评价类别	评价维度	评价指标	得分
基本财务信息	财务信息可获得性	官网渠道	0～3
		其他网络渠道	0～3
		纸介渠道	0～3
		新闻发布及热线电话等	0～3
	财务信息自愿披露	临时财务信息	0～3
		其他自愿披露信息	0～3
接受捐赠财务信息	募捐活动信息	募捐免税证明	0～3
		募捐款物使用计划	0～3
		募捐款物总额（含明细）	0～3
		募捐工作成本	0～3
	捐赠信息日常披露	募捐者名单	0～3
		善款用途	0～3
		年度捐赠总额	0～3
		定期及时更新捐赠者信息	0～3
受托责任财务信息	项目信息	项目基本信息简介	0～3
		项目预算	0～3
		项目资金使用情况	0～3
		项目实施效果	0～3
		项目第三方评估	0～3
	绩效管理信息	专职工作人员	0～3
		主要负责人薪酬	0～3
		年度用于宣传推广费用支出	0～3
		年度用于公益项目支出额	0～3
		管理费用支出	0～3
		工作人员工资福利	0～3
		筹资费用	0～3

注：共计 33 个 3 级指标，评价分为优、良、中、差 4 等，对应分值是 3、2、1、0，满分为 99 分

慈善组织第三方评估益处在于：一方面可以随时随地全天候地监督慈善组织是否规范地开展公益项目；另一方面，可以成为人们评价与认定该慈善组织可信

度的依据，慈善组织参加第三方评估的优越之处在于评估结果可以获得大众的认可。例如，美国慈善导航的引导作用。

慈善导航提供慈善组织获得捐赠财产的排名和捐赠财产额度历史发展轨迹信息，捐赠者可以以此为参考，选择心仪的慈善组织捐款。数年排名第一的"美国无国界医生组织"所获捐赠最多，这个慈善组织并不是原生的美国慈善组织，正是由于慈善导航上的排名信息对于捐赠者和捐赠财产接受者有重要引导作用，这个慈善组织所获得的捐款数量超过排名第二的美国红十字会将近一倍。由此可见，第三方评估对慈善组织发展具有重要意义。

4.3.2　完善慈善项目评估的环节

慈善事业捐助资金独立监管若想真正发挥作用，必须引进第三方慈善评估机构参与慈善项目环节评估，这样才能避嫌，真正做到评估工作的公开、公平和公正。第三方慈善评估机构引进之后，必须保证其参与评估过程。在评估指标考核体系中还应该设定合理的慈善组织等级升降标准。例如，慈善组织被评估为不合格者或者慈善组织有违法、违规行为的，就要按照标准降低评估等级，甚至可以考虑取消其资质认证，对有严重违法、违规的慈善组织采取严厉的惩罚措施，应直接取消其从事慈善事业的资格。为公平起见，同时也是为了显示对捐助资金使用的严格监管，更是为了捐赠者能更好地选择募捐的组织，捐助资金监管机构应对慈善组织考核的结果定期予以公告。

从宏观环境看慈善事业的发展，我国正在改变之前缺少规范慈善事业发展的相关法律、规章制度的情况，目前配套法律、法规日臻完善。伴随着社会经济的发展进步，我国的慈善事业发展有了更深厚的资源基础，这些都给慈善事业的快速发展提供了充分条件。从微观条件来看慈善项目发展，早就有学者提出慈善公益项目若想得到可持续发展，主要取决于以下三个重要因素：一是对项目的需求是否继续存在；二是项目是否还具有生命力；三是项目的资源是否源源不断。这里我们可以解释为慈善项目的发展主要受到组织慈善活动的载体、资源保障的力度和管理水平与能力三个方面的制约。从这些制约因素看，目前我国慈善项目的发展还有许多空间。

缺乏组织作为依托，慈善项目管理便无从展开。慈善组织的类型、数量与规模大小直接决定了慈善事业项目的类型多少与规模大小，乃至慈善项目实际运作的可行性，因为有些慈善项目实际运行费用与预算费用会有很大差别。我国自20世纪80年代，慈善组织开始重建，以官方为主导的慈善组织逐步发展起来。1981年中国儿童少年基金会成立，这是我国第一家以募集资金形式为儿童少年教育福利事业服务的全国性社会团体，是具有独立法人资格的非营利性社会公益组织。经过几十年的发展，我国慈善组织无论是在数量上还是在类型上都快速发展起来。

在 2008 年 "5·12" 汶川地震后，各种类型的慈善公益组织得到磨砺，并在地震救援中不断整合、加强合作、细化分工。最后，建立了多类型的支持型慈善组织，初步构建了资源、能力建设与智力支持全方位的支持网络，上中下游的慈善组织发挥各自优势，形成了支持型机构与运作型机构互动的公益链条，强化了我国慈善组织之间的分工合作。除了项目管理监控过程的共性内容之外，由于慈善项目的捐赠性、志愿性、公益性和非营利性特征，在项目具体实施过程中，还需要对捐赠物资进行监控，并对受助对象进行确认。具体而言，第三方慈善评估机构参与评估过程主要包括捐赠财产核对、项目物资定期盘点和监控、受助者鉴别与确认三方面。黑龙江省在社会捐赠财产管理方面做了许多的工作，早已制定了一系列规章制度。

首先，在捐赠财产核对方面，捐赠财产核对旨在监控捐赠财产的发放。在此方面项目管理团队应该做到如下几点。

（1）将资金发放给受捐赠人，并返回领款人名单。

（2）财务部门要对领款人名单和发放金额进行核对，如果采取汇款方式，就需要返回汇款凭证并进行核对。

（3）要在捐赠财产汇总单中，填写核对意见并填写受捐赠方和金额，对捐赠财产汇总单上登记的受捐赠方和受赠金额的准确性进行核实，签写核实意见。

（4）如果核实准确，可以签字入账，并将捐赠财产汇总单存档，如果存在核对不准的情况，则需要查找资金发放的原始凭证，查找受助人领取情况。

（5）将核对情况，向秘书处汇报，秘书处核对捐赠财产，填写最终意见，并签字确认。根据秘书长签署意见和本次资金核对情况，正式将此次捐赠财产项目发生的资金情况入账。

（6）鉴于慈善项目资金的捐赠性和公益性特征，慈善项目应该定期开展财务的内部审计与外部审计，以保证财务的有效运转。

其次，在项目物资定期盘点和监控方面，其中的盘点是指根据物资盘点的制度和相关要求，项目管理部门要安排专门人员，对准备用于捐赠的库存物资进行盘点，将盘点结果记录在物资定期盘点册上并签名；监控是慈善项目还涉及对物资发放的监控，也就是当出现受赠方接收物资与原计划发送物资不一致时所开启的管理流程。

最后，慈善项目还需要对受助者进行鉴别与确认，以保证慈善项目没有偏离目标对象。这一过程主要包括受助者的资格条件制定与公示、受助者申请与筛选。具体而言，慈善项目需要根据组织宗旨和外部相关信息初步确认受助对象，并制定受助者资格条件说明，送交秘书处审批。审批通过后就可以将受助者资格条件说明进行公示。在公示的基础上，接收申请人申请书，与合作单位对申请者资格进行初审，项目管理部负责复审，秘书处负责最终审核，并向通过审核的申请者发送告知说明。所以说，受助者的鉴别与确认过程涉及项目的公正与公平，是项目实施过程中非常重要的环节。慈善项目评估环节见图4-2。

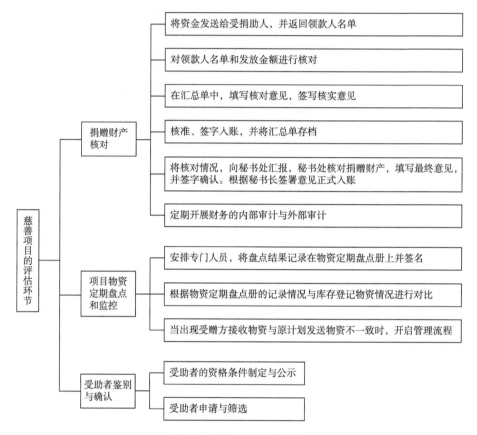

图4-2　慈善项目评估环节

资料来源：《中共黑龙江省委办公厅 黑龙江省人民政府办公厅关于加强和规范社会慈善捐赠工作的意见》

4.3.3　慈善捐赠财产的使用效果评估

慈善捐赠财产的使用与慈善项目密切相关，慈善捐赠财产的项目使用评估是将捐赠者和受助者之间联系起来的桥梁，王冬芳（2014）指出："项目管理团队不仅向慈善组织负责，还要向捐赠者负责，有必要向其说明捐款和物资的去向以及使用情况。"这是慈善项目的典型特点与根本要求。因此，除了项目管理中的组织内部监控外，慈善项目还需要对外负责，接受外部监督。而外部监督的基础在于慈善组织对于慈善项目的资金、物资、受助者信息、日常管理等方面信息的公开，这是外部监督的重要渠道和主要信息来源。

1. 慈善捐赠财产使用的内部评估

这个内部评估也要由外部利用第三方评估机构来完成，而不是慈善组织的内部自我评估。慈善捐赠财产使用项目的内部管理评估，主要集中于对项目组织能力和项目管理能力所进行的评估，其重点在于根据项目管理过程中所设定的各项指标进行评估。捐赠财产具体项目评估指标主要应该包括以下两大类。

第一类是慈善使命评估和慈善创新评估。慈善使命评估和慈善创新评估主要考察项目宗旨的社会认可程度，以及与其他领域慈善项目比较的独特性，依此探讨此项目的可发展、可持续性。

第二类是捐赠财产投入的项目评估。主要包括以下内容。

（1）捐赠财产投入该项目的优先性和必要性评估，旨在评估项目设立的现实依据以及假设是否充分且必要。

（2）捐赠财产投入该项目所涉及的社会声望、认可度评估，主要评估参与此项目工作人员的整体能力以及受益者对工作人员的认同度；项目在社会的知名度、群众认可度以及地方相关决策部门支持度；项目获得的满意度以及社会口碑等方面；对项目的组织能力与工作人员的执行力进行评估。

（3）捐赠财产投入该项目管理过程评估，包括项目开发深度与筹资规模，资金到账速度和使用效率，以及规章制度、项目管理、项目监测与反馈能力的评估。

（4）捐赠财产投入项目的产出与预期效果评估，该项目评估需要结合具体案例与数据，说明捐赠财产项目的实际产出情况，并需要站在管理方、捐赠方、受益方、大众媒体等不同利益相关者的角度，对捐赠财产投入项目所产生的各方满意度等社会影响方面进行评估。当然，由于慈善组织的类型不同，在具体的捐赠财产项目内部评估过程中所选择的评估内容也会有所区别。

一般而言，慈善组织项目第三方评估大体上可以按照表 4-2 的指标体系参照执行，而且，这个指标体系也得到了我国的一些慈善组织的认可。

表 4-2　慈善组织项目第三方评估指标体系

一级指标	二级指标	三级指标及分值		第三方评估值
		三级指标	分值	
使命与创新	社会认可程度、独特性	规范完整	4	
		可持续性	4	
		可发展性	4	
捐赠财产投入项目	优先性、必要性	现实性是否可靠	4	
		假设性是否合理	4	

续表

一级指标	二级指标	三级指标及分值		第三方评估值
		三级指标	分值	
捐赠财产投入项目	社会声望认可度	工作人员整体能力	4	
		受益者对工作人员的认同度	4	
		项目在社会的知名度	4	
		群众认可度	4	
		地方相关决策部门支持度	4	
		社会口碑	4	
		项目实施者的组织能力	4	
		工作人员的执行力	4	
	管理过程	项目开发深度	4	
		筹资规模	4	
		资金到账速度	4	
		资金使用效率	4	
		规章制度健全程度	4	
		项目管理水平	4	
		项目监测能力	4	
		反馈能力	4	
	产出和预期效果	管理方满意度	4	
		捐赠方满意度	4	
		受益方满意度	4	
		大众媒体满意度	4	

　　资料来源：根据王冬芳所著的《慈善项目管理》和布雷弗曼等著的《慈善基金会和评估学：有效慈善行为的环境和实践》整理编制

2. 慈善捐赠财产使用的社会效益评估

　　慈善捐赠财产使用项目的社会效益是指对慈善公益捐赠财产项目所产生的实际效果和影响，以及该项目在社会大众及各个利益相关群体中所形成的社会形象进行评估。所以，慈善捐赠财产使用的社会效益评估指标不同于对慈善捐赠财产项目的管理运作、社会需求，以及筹资市场等内部管理环节的评估。在具体的评估活动中，评估者需要根据不同的慈善项目设计出具体的社会效益指标进行衡量。

　　例如，中国儿童少年基金会在官方网页上（ https://www.cctf.org.cn/zt/cljh/?v=3 ）

介绍"春蕾计划"。"1989 年，在全国妇联领导下，中国儿童少年基金会发起实施了致力于改善贫困家庭女童受教育状况的'春蕾计划'公益项目。长期以来特别是党的十八大以来，在党和政府的重视关怀下，在社会各界的积极参与和慷慨捐助下，'春蕾计划'围绕女童教育、女童安全、女童健康等开展了多种形式的关爱帮扶工作，助力一大批春蕾女童求学圆梦、成长成才。"

2019 年 9 月，"春蕾计划"促进女童教育特使彭丽媛启动"春蕾计划——梦想未来"行动。作为"春蕾计划"升级版，"春蕾计划——梦想未来"行动坚持立德树人根本任务，坚守服务女童初衷，着力实施以困难家庭女童助学为重点的求学圆梦行动、以女童保护为重点的安全健康行动、以女童研学为载体的社会实践行动、以女童结对帮扶为形式的牵手成长行动，通过资金资助、思想引领、精神激励、陪伴服务等工作开启"春蕾计划"新征程。

2021 年 10 月 11 日，在第 10 个国际女童日之际，"春蕾计划"促进女童教育特使彭丽媛发出倡议，号召大家行动起来，积极为"春蕾计划——梦想未来"行动提升推进工作贡献力量，让更多女童受到良好教育，实现人生梦想，拥有美好未来。

"春蕾计划"服务对象确定的"女童"，泛指学龄前女童及小学、中学、大学阶段的女学生。"春蕾计划"已经成为中国民间公益组织促进女童教育发展的最成功、最有影响力的范例。2005 年"春蕾计划"被民政部授予"中华慈善奖"。受中国儿童少年基金会委托，中国科技促进发展研究中心对"春蕾计划"的社会效益进行了全面评估。中国科技促进发展研究中心是联合国技术预测与评估协会的中国会员单位，承担过多项公益项目的评估工作，具有丰富的社会项目评估经验。评估课题组由具有丰富的社会项目评估经验的研究人员组成，并广泛征求来自各个领域专家的意见，具体评估方案得到了专家组的论证认可。

评估课题组认为，中国儿童少年基金会发起并组织实施的"春蕾计划"已经成为中国社会知名度最高的社会公益品牌之一。"春蕾计划"的实施得到了社会各界的广泛参与和支持，在各个相关的利益群体和社会公众中都享有良好的声誉。

对"春蕾计划"采取了第三方评估方式对项目实施的社会效益进行了评估。"春蕾计划"社会效益评估的首要步骤是确定了社会效益的概念，并将其具体化和指标化。在社会影响方面的评估，重点对"春蕾计划"的直接影响和间接影响进行了评估，其评估结果指出：第一，"春蕾计划"在帮助失学儿童重返校园、提高适龄女童入学率方面起到了积极作用，这一作用在发展程度较低的地区体现得更为明显。第二，"春蕾计划"的实施使部分地区的女童教育环境得到了改善，如促进了受助地区政府部门和学校对女童教育的重视和投入，人们的女童教育意识得到了提高，推动了项目实施地区女童教育的发展。第三，"春蕾计划"的实施在很大程度上改变了社会上重男轻女的思想观念，改变了发展程度较低的地区的一些传统陋习，提高了妇女的自身素质和社会地位。第四，"春蕾计划"的实施有助于改善社会风尚，并在一定程度上促进了社会各群体之间的沟通、交流和团结。

3. 慈善捐赠财产使用的社会形象评估

中国科技促进发展研究中心在对"春蕾计划"社会形象评估方面，主要从一般公众知晓度、一般公众认同度、受助地区知晓度、受助生家长认同度以及"春蕾计划"的社会公信度五个方面进行评估，其评估依据主要源于调查问卷的数据统计结果。其最后的评估结果主要体现为：第一，"春蕾计划"的公众知晓度在我国主要慈善事业中排名第二，有40.9%的城市公众听说过"春蕾计划"，并且作为实施该项目的中国儿童少年基金会在城市公众中具有较高的知名度。第二，在公众认同度上，公众对救助失学儿童的认可度较高。在公众调查中，有78.2%的人认为我国存在着低收入家庭儿童失学问题，55.2%的人认为应该优先帮助少年儿童，有42.5%的人更愿意资助女童，有79%的社会公众认为春蕾实用技术培训这样的项目值得捐赠。第三，"春蕾计划"的受助地区知晓度在我国的主要慈善事业中取得的成效名列前茅，"春蕾计划"的受助地区中许多原本不了解女童教育重要性的人通过该项目的实施，逐步认识到教育，尤其是女童教育的重要意义。受助地区有70.9%的群众听说过"春蕾计划"，并且，在受助地区中国儿童少年基金会有较高的知名度。第四，"春蕾计划"获得了受助生家长较高程度的认可和评价，学生家长认为"春蕾计划"真正帮助了自己的孩子接受教育，并对"春蕾计划"在资助年限、拨款及时性、拨款数额以及资助程序等方面表示满意。第五，在社会公信度方面，主要对捐赠者进行了问卷调查。捐赠者对"春蕾计划"的工作效率、信息反馈表示满意，91%的捐赠者对"春蕾计划"的捐款表示放心，73.2%的捐赠者有继续捐赠的愿望。

第三方评估相对来说更加公平，对于慈善组织项目所做出的结论准确度相对比较高，大众接受度比较高，也有较好的可行性，其社会认可度高于其他的组织评价。

美国和北欧不同的发展模式表明慈善与国家或地区的正式福利制度安排是此消彼长的关系。不管怎样，慈善事业在发展，说明存在客观需要。那么有一点是慈善评估应该遵循的，那就是慈善运行是否面向并且有效解决了国家其他福利制度没有安排而又迫切需要解决的问题。问题导向的思路能够使许多评估问题简单化，所以每一种评估理论模式和概念、指标、框架的普遍适用性都有待根据实际情况进行调整并得到检验。因为评估乃世界性难题，对慈善事业资金使用评估更是难上加难。

总而言之，慈善评估在国际上也是难题，因为无论是慈善项目、慈善机构，还是慈善事业，其无形的不可计量的精神追求和人文关怀在许多情况下都显得极其宝贵，与可计量的慈善资源总量相比较，具有更为重要的社会意义。例如，希望工程自 1989 年至 2017 年，28 年来投入近 35 亿元的善款，其影响有直接的，如很多孩子受益；也有间接的，如带来了家庭和社区的变化；还有战略性的作用，比如打开了社会发展的空间。但这些社会影响不可能用单纯的数据准确测评。

另外，每个慈善项目的目标各不相同，每个慈善机构的宗旨各有千秋，每个国家或地区的社会制度需要慈善事业补足的领域不尽相同，所以，很难用一套统一的指标体系加以全面、合理、公正地衡量。

4.4　慈善组织自律

慈善的本质体现着人性向善的伦理维度，因此，慈善组织具有特殊的价值指向和公益使命，其宗旨是将社会财富取之于公众并服务于公众。正是基于这种特殊的公益宗旨，法律赋予了慈善组织特殊的角色和地位。慈善的目的是致力于社会公益，从而扶贫济困并提升人类福祉，而背离慈善组织公益使命的失范行为必然降低慈善组织的公信力，损害慈善资源的公共性。对此，一方面，应传承和发扬传统慈善文化的当代价值；另一方面，应消除或弱化失范慈善行为的负面影响。慈善事业除了需要来自强制的外部监督之外，更需要完善慈善组织的自律行为。

慈善组织的自律主要讲的就是，自我约束、自我管理、自我调节。监管内外有别，自律与他律永远是慈善事业监管的两个重要领域。慈善组织的自律通过慈善组织行业自律、慈善组织内部自律和慈善组织整体公信力建设来实现。

4.4.1　慈善组织行业自律

慈善组织行业自律要求整个行业自我协调、自我规范其行为准则。慈善组织行业自律是其自身发展的关键环节，也是维护慈善事业行业秩序、保持不同类型慈善事业主体公平竞争、促进慈善事业整体获得健康发展、保护慈善事业行业整体利益的重要措施。同时，也是外部监管的基础。

慈善组织行业自律包括两方面：一是其行业内自觉、严格遵守和坚决贯彻国家法律、法规、政策；二是树立自觉遵守慈善组织行业内的行规、行约的意识，时刻自主约束自身的行为。任何行业自律都是一个双向制约机制，既是对行业内成员的监督，同时也是对行业内成员的保护。

慈善组织的自律，首先基金会必须自律，其次还要完善慈善组织自律机构，最后需要通过同业自律与第三方独立评估来实现。

第一，基金会自律。基金会自律是推动慈善组织的整体自律，进而确保捐赠财产使用和监管合乎规范的先导。虽然目前行业内部的异质性仍然存在，各类组织对组织内部强化自律的自觉性认识差别较大，但随着基金会中心网这一重要机制的推出，很有可能在不远的将来倒逼所有慈善组织走向整体自律。假设所有的捐赠者都是经济学意义上的理性人，都有明智捐赠的诉求，那么基金会中心网的启动必然会对其捐赠行为有所影响，进而，对慈善资源的流向有所影响，形成某种社会选择机制。当这一影响由量变进入质变阶段，必将促使一些组织的行为模式发生改变：一是那些依赖社会选择机制的慈善事业团体将效仿先行者，主动加入自律的队伍；二是那些并不需要依赖社会选择机制，自身能够生存的具有半官方性质的慈善团体，如各类慈善会、红十字会的领导人有改革的意愿才有遵循行业规律、主动透明公开的诉求，从而主动加入自律的行列。一旦在这两个方面有所突破，慈善行业的整体自律就有可能变为现实。

第二，完善慈善组织自律机构。完善慈善自律机制，提升慈善组织的公信力。其必要性在于：一个优良的行业自律机制可以激发公众的捐赠热情，良好的社会捐赠氛围又可以提升慈善机构的行业自律水平，进而使慈善组织与捐赠人之间达到慈善双向激励的目的。在目前的慈善捐赠组织中，除经民政部门正式注册之外，尚有部分"草根组织"，这些"草根组织"在法律上没有明确的定位，因此，需要设立一个权威的慈善行业自律协会、促进会或委员会并制定行业规范。一方面，确立行业内部章程，章程要明确对于失范慈善行为的内部处理方式，以此作为慈善组织良性运作的基本保障和行业自律的约束与激励机制；另一方面，应当增强慈善组织负责人的自律意识，与基金会中心网等权威网站联合发布公开事项，以便于公众知晓、查询和获取慈善信用信息，并将其作为公众选择慈善机构的行为指引。

第三，同业自律与第三方独立评估共同发展。对慈善组织进行权威的评估与认定，形成合理、规范的等级评估与升降体系，提高慈善组织的公信力，以促进慈善事业的健康、顺利发展。从国外慈善行业的成功经验来看，推动行业自律有两股力量，一是来自内部的机构间互律，或者称为同业自律；二是来自第三方独立机构的监测与评估，两者缺一不可。目前，我国同业自律建设已有20年的历史，并且取得了一定的效果，但第三方独立评估的开展却进展缓慢。2009年8月，民政部下属的中民慈善捐助信息中心发布了国内首份信息披露评估报告——《全国性慈善组织信息披露监测报告》，标志慈善行业内部第三方独立评估开始进入操作层面。

2008 年 4 月 27 日，"民间组织问责国际会议"上，中国青少年发展基金会、中国扶贫基金会、NPO 信息咨询中心、南都公益基金会、上海浦东非营利组织发展中心、爱德基金会、自然之友、友成企业家扶贫基金会等一批国内著名非营利组织，共同见证了《中国公益性非营利组织自律准则》的出台，这是一个纯粹的、民间的中国非营利组织公信力标准。中国非营利组织推出的《中国公益性非营利组织自律准则》制定了五大自律准则。其准则大致内容包括：致力于完善民间组织自律机制；组织的成员具有非政治、非宗教、非营利性质，以服务公共利益为中心；适用于公益性非营利性组织以及草根公益组织；依据非营利组织现有相关的法律、法规制定，借鉴了许多国家非营利性组织的自律准则及其公信力标准，比较全面、严谨；自愿接受来自第三方独立评估机构的评估，达标者可以加入自律联盟（具体方式待探讨）。

经过 2001 年的《中国非营利组织自律守则》、2008 年的《中国公益性非营利组织自律准则》、2009 年的《中国非公募基金会自律宣言》，中国慈善组织之间的自律规范化条文已经初步形成。从事慈善事业的公募基金会、非公募基金会都应该按照宣言，对照检查做好内部监管工作。

4.4.2　慈善组织内部自律

相对于独立的捐赠财产管理而言，慈善行业的整体自律和慈善组织内部的自律，对于捐赠财产的有效使用显得更为重要。无论从理论还是从实践上说，慈善组织几乎没有可以动用的行政资源，也不会自行生财——其财产保值、增值的投资行为受到严格的限制。其生存、发展之道基本上维系在组织机构的公信力上。因此，慈善机构和慈善行业本身就有着巨大的自律需求和追求自律的动力。同时在行业内，也寄希望于通过自我完善、自我管理、自我服务，能够优化政府对慈善事业捐赠财产监管模式，促进政府法律法规的完善和管理体制的转型，使得自身的生存环境得以极大改善。

慈善组织优化内部治理结构的关键是：完善决策、执行、内部监管制度和决策机构议事规则，加强捐赠财产使用内部控制和内部审计工作，在慈善项目正常运转的情况下，确保组织成员、财务收支、慈善活动能够按照慈善组织章程正常、有序运行。强化慈善组织内部自律建设需要注意以下几点。

第一，慈善组织尽最大可能公开信息，为独立捐赠财产监管机构、舆论与社会监督创造方便、有利条件。慈善捐赠财产领域不同于其他公共事项，其特殊性在于慈善捐赠是以受赠人为目标，必须依据捐赠人的意愿行为办事，捐赠者关注捐赠款项是否得到了及时、有效的利用。因此，慈善组织内部绝对需要认真对账，对每一笔捐赠财产的由来、去向、内容等信息进行详细记载并予以公布。除捐赠人声明需要特殊保密的情形外，一律要在慈善组织机构的官网上公开，或者在慈善基金会中心网络上公开。

第二，建立道德委员会。慈善组织在发展过程中，不可避免地存在少数不良分子影响甚至败坏慈善组织声誉的情况。除了在惩罚机制上，我们需要建立健全慈善组织内、外的法律、法规制度外，我们可以学习国外的先进经验，建立道德委员会，约束慈善组织人员，尤其是约束高层人士的个人行为。为推动慈善事业发展，慈善组织道德建设应该永不停息。借用一句俗语送给辛勤努力的中国慈善工作者：且行且珍惜。做慈善真的不容易。

4.4.3　慈善组织整体公信力建设

太阳底下最光明的慈善事业不惧任何监管，监管机制越是健全的地区，慈善捐赠事业越发达，慈善组织越能发展壮大，这才是慈善组织获取资金的不竭之源。因此，必须要重视慈善组织整体公信力建设。慈善组织整体公信力建设可以通过接受媒体的监督、借助大数据平台实现，同时需确立慈善组织信息披露的边界与原则。

第一，接受媒体的监督。媒体是公众了解和监督慈善组织的重要渠道，也是慈善组织提高影响力和公信力的重要平台，因此，慈善组织必须十分重视与媒体之间的沟通与合作，不是被动地接受媒体监督，而是要采取各种措施敞开心扉，积极、主动、热情地邀请各类媒体监督，包括积极主动地向媒体通报，邀请媒体参与监督慈善组织正在进行中的援建项目的推进情况，邀请记者参加慈善组织重要会议等；对于社会各方舆论的质疑，绝不能回避，而要以开诚布公的坦诚态度，积极主动地通过媒体与社会各界进行有效沟通；邀请媒体现场参与活动，见证慈善事业开展情况；慈善组织机构的员工，应该与媒体一同经常探望资助对象，同时经常巡视慈善项目；邀请媒体参与理事会、医疗救助和灾后重建等慈善公益项目的资助评审会，了解并且监督慈善组织的民主、公正、公平决策过程。

第二，借助大数据平台。利用大数据平台，实现信息加工方式转变，提高信息公开水平。对于普通的捐赠者来说，根本不可能花费太多的时间和精力专门研究各慈善机构对外公开的原始资料，与之相反他们更愿意看到第三方加工处理后的信息成品。如果说慈善组织从制定自律标准转为建设平台，从而推动慈善组织信息向社会公开，是慈善行业走向自律的第一个飞跃阶段，那么从向社会公开原始信息发展到发布经过整合的并具有高度指导性的慈善信息成品，可以说是慈善行业自律建设发展的第二个飞跃阶段。在这一发展过程中，仅仅依靠慈善机构自身的组织力量是不够的，慈善机构必须引入相关的咨询服务机构或者学术科研机构。

第三，确立慈善组织信息披露的边界与原则。信息披露制度是慈善事业公开化的基本保障，需要披露的信息符合法律与情理。法律制度、组织内部制度、捐赠人意愿，这三个要素共同决定了慈善组织信息披露的合理边界所在。

目前，国内已经涌现了一批从事慈善组织研究的专门机构，如北京师范大学壹基金公益研究院、中国社会科学院社会政策研究中心、清华大学 NGO 研究所、北京大学社会研究中心、中国人民大学非营利组织研究所等。对于这些组织来讲，需要转变他们的知识生产方式，在科研项目和理论研究之外，通过信息加工向社会提供服务的方式，参与到积极推动慈善行业的发展历史进程中去，为全社会提供具有高质量、指导性和精细的慈善信息公开产品。

4.5　坚持党对慈善事业组织的全面领导

领导慈善事业的核心力量是中国共产党，指导此项工作的理论基础是马克思列宁主义。以习近平同志为核心的党中央明确指出："中国共产党的领导是中国特色社会主义最本质的特征。"[1]这一点至关重要。作为社会组织重要组成部分的慈善组织，对社会组织党建的要求就是对慈善组织党建的要求，慈善组织党建工作必然包括在内。党对慈善事业的全面领导是捐赠财产使用与监管机制的重要构成要素并且是核心内容，完善捐赠财产使用与监管机制必须在党的全面领导下才能发挥最佳的效果。

4.5.1　慈善组织要重视党建工作

在建设慈善事业资金使用监管体系中，应该而且必须加强在慈善组织中党的

---

①《中国共产党的领导是中国特色社会主义最本质的特征》，http://theory.people.com.cn/n1/2018/0103/c416126-29742857.html。

领导和建设工作。2018 年 4 月 28 日，民政部印发《关于在社会组织章程增加党的建设和社会主义核心价值观有关内容的通知》，提出："社会组织是党的工作和群众工作的重要阵地，是加强党的基层组织建设、培育和践行社会主义核心价值观的重要领域。社会组织章程是社会组织制定各种制度的基本依据、开展各项业务活动的行动准则，在社会组织管理中具有基础性地位。为深入学习贯彻习近平新时代中国特色社会主义思想和党的十九大、十九届二中、三中全会精神，认真贯彻落实习近平总书记关于社会主义核心价值观融入法治建设的重要指示精神，从源头上确保社会组织管理的正确政治方向和鲜明价值导向，各地民政部门要指导社会组织在社会组织章程增加党的建设和社会主义核心价值观有关内容。现就有关要求通知如下：一、各地民政部门在社会组织登记管理工作中，应及时要求社会组织在章程中增加党的建设和社会主义核心价值观有关内容，并在成立登记和章程核准时加强审查。社会组织党的建设有关内容具体表述为：'本会（基金会、中心、院等）根据中国共产党章程的规定，设立中国共产党的组织，开展党的活动，为党组织的活动提供必要条件。'社会主义核心价值观有关内容具体表述为：'遵守宪法、法律、法规和国家政策，践行社会主义核心价值观，遵守社会道德风尚。'二、各地民政部门应当自本通知下发之日起，要求正在办理成立登记和已经登记的社会组织尽快按照通知有关要求，将党的建设和社会主义核心价值观有关内容写入章程。考虑到社会团体修改章程需召开会员（代表）大会，基金会、社会服务机构修改章程需召开理事会，对于暂时无法召开相应会议的，可以允许社会组织先行在章程中增加党的建设和社会主义核心价值观的有关内容，待开会时再予以确认，并经业务主管单位或党建领导机关审查同意后，报登记管理机关核准。三、各地民政部门要从深入学习贯彻习近平新时代中国特色社会主义思想和党的十九大、十九届二中、三中全会精神，落实全面从严治党要求，向社会传导正确价值取向出发，积极宣传引导，认真抓好落实，加强沟通协调，确保此项工作顺利开展。"[1]

社会组织章程在社会组织法人治理机构中处于基础性地位，是各个社会组织开展其业务活动的最基本行为准则，章程对其组织及其成员具有指引作用和重要的规范功能。章程中特别强调增加党的建设有关内容，这是一项明确党组织在社会组织法人治理结构中法定地位的重要制度安排。《民政部关于在社会组织章程增加党的建设和社会主义核心价值观有关内容的通知》明确要求增加社会组织中党的建设有关内容具体表述为："本会（基金会、中心、院等）根据中国共产党章程的规定，设立中国共产党的组织，开展党的活动，为党组织的活动提供必要条件。"

---

① 《民政部关于在社会组织章程增加党的建设和社会主义核心价值观有关内容的通知》，https://www.gov.cn/zhengce/zhengceku/2018-12/31/content_5441908.htm。

目前，完善的慈善事业资金使用与监管机制尚在建设过程中。在这一阶段，传统的管理方式已经被突破，不能够再继续执行，执行了也许不能够那么有效。由于整体上中国渐进式改革的特点，各种新的慈善事业捐赠财产监管制度（包括慈善事业独立监管机构、慈善事业行业自律、慈善组织内部监管）还不能完全到位。因此，在慈善事业捐赠财产监管制度改革的过渡阶段，会出现监管乏力以及由内生机制缺乏而导致的部门利益泛滥等问题。谁都觉得权力不够，因而无法有效地履行责任，同时，各部门都会尽可能多地追求自身利益，并希望固化现有体制，进而妨碍新体制的形成。

面对慈善监管制度渐进式改革依然处于过渡阶段的情况，在完善慈善事业捐赠财产使用监管机制建设过程中，必须要强调坚持和加强中国共产党的领导，强而有力的党的领导极其重要，绝对不能缺失。一方面，通过加强党的领导，可以填补各级、各层次慈善事业捐赠财产监管所导致的真空地带，督促各个慈善事业捐赠财产监管机构履行其法定职责并加强彼此之间的密切合作；另一方面，通过党的领导和监督（包括纪检、监察），可以有效地制约慈善事业监管机构追求各自小团体利益的直接冲动，从而维护社会整体的利益。

需要强调指出的是，加强党的领导并不是由党组织来代替慈善事业捐赠财产监管机构的工作或者代替慈善事业捐赠财产监管机构作具体的行动，而是一种对慈善事业捐赠财产监管机构的政治领导、思想统领、组织保障和纪律监督。在慈善事业捐赠财产监管制度改革的过渡阶段，为保持平稳过渡，必须保证并加强党的绝对领导。

首先，通过来自外部的制约机制，促进慈善组织内部捐赠财产监管制度的完善。随着慈善组织机构配套改革措施的逐步到位和慈善事业捐赠财产监管机构的逐步成熟，党的领导才能真正得以体现。

其次，加强并改善党的领导方式。在建立慈善事业捐赠财产监管制度的过程中，不但要坚持党的领导，也要改善党的领导。党的领导是建立慈善事业捐赠财产独立监管制度非常宝贵的基础性资源。在捐赠财产监管制度改革的过渡阶段，根据形势的发展变化，要不失时机地加强和改善党的领导。在实践中，要正确处理好党的领导与慈善事业捐赠财产独立监管之间的关系，可以说党的领导是否到位，直接决定中国慈善事业捐赠财产监管制度改革是否能够取得最后的成功。

4.5.2　慈善组织党建工作要落实到基层

贯彻执行党的领导重点在于推进慈善事业党的组织和党的工作有效覆盖。本着"应建尽建"的原则,不留死角加大党组织组建力度。

一是要按慈善组织单位建立党组织。凡有 3 名以上正式党员的慈善组织,都要按照党章规定,经主管的上级党组织批准,根据党员人数分别设立党委、党总支或者党支部。规模较大、会员单位较多而党员人数不足的,经县级以上主管单位党委批准可以建立党委。

二是要建立慈善事业行业党组织。可依托慈善事业协会建立行业党组织,行业党组织对会员单位党建进行工作上的指导。

三是要以社区为单位建立党组织。在社会组织相对集中的各类街区、园区、楼宇等区域,可打破单位界限,统一建立党组织。规模小、党员少的社会组织可本着就近就便原则联合建立党组织。

2015 年,中共中央办公厅印发《关于加强社会组织党的建设工作的意见(试行)》①。文件要求,"实现全领域覆盖。本着应建尽建的原则,加大党组织组建力度。暂不具备组建条件的社会组织,可通过选派党建工作指导员、联络员或建立工会、共青团组织等途径开展党的工作,条件成熟时及时建立党组织。新成立的社会组织,具备组建条件的,登记和审批机关应督促推动其同步建立党组织。街道社区、乡镇村党组织要加强对城乡社区社会组织的领导和指导。通过各种方式,逐步实现党的组织和党的工作有效覆盖。"

《关于加强社会组织党的建设工作的意见(试行)》强调社会组织党建的基本职责为:"(1)保证政治方向。宣传和执行党的路线方针政策,宣传和执行党中央、上级党组织和本组织的决议,组织党员群众认真学习中国特色社会主义理论体系,深入学习习近平总书记系列重要讲话精神,教育引导党员群众遵守国家法律法规,引导监督社会组织依法执业、诚信从业。(2)团结凝聚群众。做好思想政治工作,教育引导职工群众增强政治认同,关心和维护职工群众的正当权利和利益,汇聚推进改革发展的正能量。(3)推动事业发展。激发从业人员工作热情和主人翁意识,帮助社会组织健全章程和各项管理制度,引导和支持社会组织有序参与社会治理、提供公共服务、承担社会责任。(4)建设先进文化。坚持用社会主义核心价值观引领文化建设,组织丰富多彩的文化活动,营造积极向上的文化氛围,教育党员群众自觉抵制不良倾向,坚决同各种违法犯罪行为作斗争。(5)服务人才成长。关心关爱人才,主动帮助引导,不断提高从业人员的思想和业务素质,支持和保障各类人才干事创业。(6)加强自身建设。创新组织设置,健全工作机制,严格执行组织生活各项制度,做好发展党员和党员教育管理服务工作。维护和执行党的纪律,监督党员切实履行义务,做好党风廉政建设工作。领导本单位工会、

---

① 《中共中央办公厅印发〈关于加强社会组织党的建设工作的意见(试行)〉》,https://www.gov.cn/xinwen/2015-09/28/content_2939936.htm。

共青团、妇联等群团基层组织工作。"

《关于加强社会组织党的建设工作的意见（试行）》明确提出要："落实领导责任。各级党委要切实加强对社会组织党建工作的领导，把社会组织党建工作纳入党建工作总体布局，作为抓基层党建工作述职评议考核和相关部门领导班子、领导干部考核的重要内容。加强对与行政机关脱钩的社会组织党建工作的领导，确保脱钩不脱管。各级党委组织部门要牵头抓总、统筹协调，社会组织党建工作机构要加强具体指导，民政、司法、财政、税务、教育、卫生计生、工商等部门要结合职能协同做好社会组织党建工作。对履行责任不到位的要追究责任。"

2016 年，中共中央办公厅、国务院办公厅印发《关于改革社会组织管理制度促进社会组织健康有序发展的意见》，再次强调："以社会团体、基金会和社会服务机构为主体组成的社会组织，是我国社会主义现代化建设的重要力量。党中央、国务院历来高度重视社会组织工作，改革开放以来，在各级党委和政府的重视和支持下，我国社会组织不断发展，在促进经济发展、繁荣社会事业、创新社会治理、扩大对外交往等方面发挥了积极作用。同时也要看到，目前社会组织工作中还存在法规制度建设滞后、管理体制不健全、支持引导力度不够、社会组织自身建设不足等问题，从总体上看社会组织发挥作用还不够充分，一些社会组织违法违规现象时有发生。当前，我国正处于全面建成小康社会决胜阶段，改革社会组织管理制度、促进社会组织健康有序发展，有利于厘清政府、市场、社会关系，完善社会主义市场经济体制；有利于改进公共服务供给方式，加强和创新社会治理；有利于激发社会活力，巩固和扩大党的执政基础。各地区各部门要站在战略和全局高度，充分认识做好这项工作的重要性和紧迫性，将其作为一项重要基础性工作来抓，主动适应新形势新任务要求，全面落实相关政策措施，扎扎实实做好各项工作。"

《关于改革社会组织管理制度促进社会组织健康有序发展的意见》，强调："坚持党的领导。按照党中央明确的党组织在社会组织中的功能定位，发挥党组织的政治核心作用，加强社会组织党的建设，注重加强对社会组织的政治引领和示范带动，支持群团组织充分发挥作用，增强联系服务群众的合力，确保社会组织发展的正确政治方向。坚持改革创新。改革社会组织管理制度，正确处理政府、市场、社会三者关系，改革制约社会组织发展的体制机制，激发社会组织内在活力和发展动力，促进社会组织真正成为提供服务、反映诉求、规范行为、促进和谐的重要力量。坚持放管并重。处理好'放'和'管'的关系，既要简政放权，优化服务，积极培育扶持，又要加强事中事后监管，促进社会组织健康有序发展。坚持积极稳妥推进。统筹兼顾，分类指导，抓好试点，确保改革工作平稳过渡、有序推进。"

《关于改革社会组织管理制度促进社会组织健康有序发展的意见》，还强调要规范社会组织涉外活动。"引导社会组织有序开展对外交流,参加非政府间国际组织,参与国际标准和规则制定,发挥社会组织在对外经济、文化、科技、体育、环保等交流中的辅助配合作用,在民间对外交往中的重要平台作用。完善相应登记管理制度,积极参与新建国际性社会组织,支持成立国际性社会组织,服务构建开放型经济新体制。确因工作需要在境外设立分支(代表)机构的,必须经业务主管单位或者负责其外事管理的单位批准。党政领导干部如确需以个人身份加入境外专业、学术组织或兼任该组织有关职务的,按干部管理权限和有关规定报批。"

2017 年 10 月 18 日,中国共产党第十九次全国代表大会在北京召开,习近平代表第十八届中央委员会向大会作报告。党的十九大报告提出:"要以提升组织力为重点,突出政治功能,把企业、农村、机关、学校、科研院所、街道社区、社会组织等基层党组织建设成为宣传党的主张、贯彻党的决定、领导基层治理、团结动员群众、推动改革发展的坚强战斗堡垒。""注重从产业工人、青年农民、高知识群体中和在非公有制经济组织、社会组织中发展党员。"[①]

从此之后,各地社会组织广泛开展党建工作。2018 年 7 月,第九届全国律师代表大会第二次会议在北京召开,会议修改了《中华全国律师协会章程》,将加强党的建设工作写入律师协会章程。

湖北省民政厅社会组织管理局下发了修订后的社会组织章程示范文本,将党建工作内容规范表述为"本组织依据中国共产党章程的规定,设立中国共产党的组织,开展党的活动,为党组织的活动提供必要条件"。

2018 年 8 月,江苏省镇江市民政局印发相关通知,要求将党建内容写进社会组织章程。关于社会组织党建的内容还被列入相关的法规条例中。

2018 年出台的《社会组织信用信息管理办法》规定,未按照有关规定设立党组织的,将被列入活动异常名录;《社会组织登记管理条例(草案征求意见稿)》中规定:"党建工作机构统一领导和管理社会组织党建工作,指导和督促社会组织开展党的建设工作,对社会组织负责人进行资格审查。"

古人云:"令之不行,政之不立。"党中央制定的理论和路线方针政策,是全党全国各族人民统一思想、统一意志、统一行动的依据和基础。只有党中央才能把全党牢固凝聚起来,进而把全国各族人民紧密团结起来,形成万众一心、无坚不摧的磅礴力量。如果不能坚决维护党中央权威,党的理论和路线方针政策可能会被随意执行,党就会变成一盘散沙,就会成为自行其是的"私人俱乐部",党的领导就会成为一句空话。

---

① 《习近平:决胜全面建成小康社会 夺取新时代中国特色社会主义伟大胜利——在中国共产党第十九次全国代表大会上的报告》,https://www.12371.cn/2017/10/27/ARTI15091036565 74313.shtml。

　　总之，坚持党对慈善组织监管机制中的领导在于，中国共产党是我国最高政治领导力量，这是马克思主义政党学说不可动摇的基本原则，是对我国革命和建设历史经验的深刻总结，是推进伟大事业的根本保证，更是推进慈善事业健康有序发展的根本保障。

参 考 文 献

阿德勒 B B. 2002. 美国慈善法指南. NPO 信息咨询中心译. 北京：中国社会科学出版社：56-89.

巴尔 N. 2003. 福利国家经济学. 郑秉文，穆怀中，等译. 北京：中国劳动社会保障出版社：103-145.

伯姆纳 R H. 2017. 捐赠：西方慈善公益文明史. 褚蓥译. 北京：社会科学文献出版社：21-43.

布雷弗曼 M T，康斯坦丁 N A，斯莱特 J K. 2013. 慈善基金会和评估学：有效慈善行为的环境和实践. 陈津竹，刘佳，姚宇，译. 北京：中国劳动社会保障出版社：29-44.

布雷斯特 P，何豪. 2013. 善款善用：聪明慈善的战略规划. 李存娜译. 北京：中国劳动社会保障出版社：25-30.

陈为雷，毕宪顺. 2015. 美国慈善事业监管体制及其对中国的启示. 东岳论丛，36（7）：29-33.

褚蓥. 2018. 反思慈善改革：慈善的政治属性. 北京：社会科学文献出版社：29-55.

邓国胜. 2015. 公益慈善概论. 济南：山东人民出版社：29-55.

弗朗金 P. 2013. 策略性施予的本质：捐赠者与募捐者实用指南. 谭宏凯译. 北京：中国劳动社会保障出版社：57-68.

何光喜，王奋宇，赵延东，等. 2007. 春蕾计划社会效益评估. 北京：北京出版社：88-95.

胡颖廉. 2016. 美国社会监管改革的内涵和启示. 当代世界，（5）：71-73.

黄春蕾. 2011. 我国慈善组织绩效及公共政策研究. 北京；经济科学出版社：20-32.

黄平，倪峰. 2011. 美国问题研究报告（2011）：美国的实力与地位评估. 北京：社会科学文献出版社.

基金会中心网，清华大学廉政与治理研究中心. 2015. 中国基金会透明度发展研究报告（2015）. 北京：社会科学文献出版社：78-80.

贾西津. 2017. 资格还是行为：慈善法的公募规制探讨. 江淮论坛，（6）：95-102.

黎帼华. 2002. 美国福利. 合肥：中国科学技术大学出版社：30-35.

刘京. 2008. 中国慈善捐赠发展蓝皮书 2003～2007. 北京：中国社会出版社.

刘澎. 2001. 当代美国宗教. 北京：社会科学文献出版社：9-11.

刘选国. 2012. 中国公募基金会筹资模式的发展和创新探析. 中国非营利评论，9（1）：161-188.

刘亚莉，王新，魏倩. 2013. 慈善组织财务信息披露质量的影响因素与后果研究. 会计研究，（1）：

76-83，96.

罗尔斯 J. 2001. 正义论. 何怀宏，何包钢，廖申白，译. 北京：中国社会科学出版社：292.

吕明坤，牛金艳，靳亚星. 2017. 我国慈善组织监督管理中存在的问题及其对策. 法制博览，
　　（10）：59-60，58.

马英娟. 2018. 监管的概念：国际视野与中国话语. 浙江学刊，（4）：49-62.

孟令君. 2008. 中国慈善工作概论. 北京：北京大学出版社：17-44.

佩顿 R L，穆迪 M P. 2013. 慈善的意义与使命. 郭烁译 . 北京：中国劳动社会保障出版社.

彭小兵. 2012. 公益慈善事业管理. 南京：南京大学出版社：45-67.

秦安兰. 2020. 慈善组织公信力重建的路径选择. 征信，（2）：27-32.

萨拉蒙 L M. 2017. 撬动公益：慈善和社会投资新前沿导论. 叶托，张远凤，译. 北京：社会科
　　学文献出版社：30-45.

申泽民. 2016. 美国纽约州检察长对慈善组织法律监督机制探究. 商，（1）：240-241.

石国亮. 2012. 慈善组织公信力重塑过程中第三方评估机制研究. 中国行政管理，（9）：64-70.

孙绍骋. 2004. 中国救灾制度研究. 北京：商务印书馆：20-46.

孙迎春. 2019. 美国政府近年来的监管治理实践及其启示. 中国行政管理，（10）：133-137.

汪行福. 2003. 分配正义与社会保障. 上海：上海财经大学出版社：33-45.

王冬芳. 2014. 慈善项目管理. 北京：中国社会出版社：106-130.

王卫平，黄鸿山，曾桂林. 2011. 中国慈善史纲. 北京：中国劳动社会保障出版社：2-34.

温海红. 2020. 美英日新四国慈善事业发展的经验与启示. 中国民政，（8）：53-54.

吴敬琏. 2005. 比较-16. 北京：中信出版社：18-35.

吴敬琏. 2006. 比较-22. 北京：中信出版社：20-42.

吴敬琏. 2008. 比较-36. 北京：中信出版社：55-72.

夏家春. 2004. 现代思想道德教育主导性与多样性的关系刍议. 牡丹江师范学院学报（哲学社会
　　科学版），（4）：55-56.

夏家春. 2006-01-14. 对慈善事业实施减免税政策的思考. 光明日报，（007）.

夏家春. 2009. 新加坡公民道德教育特色及对我们的启示. 学术交流，（3）：32-35.

夏家春，杨守金. 2015. 弘扬传统 培育公民的友善理念. 思想政治教育研究，（4）：90-93.

夏家春，于丽. 2012. 建设面向农村的慈善公益事业. 学术交流，（9）：151-153.

谢晓霞. 2015. 中国慈善基金会的管理效率研究. 中国行政管理，（10）：74-79.

徐麟. 2005. 中国慈善事业发展研究. 北京：中国社会出版社：103-123.

徐有光. 2017. 公益向右 商业向左. 北京：中信出版集团：50-78.

徐宇衫，朱照南. 2017. 美国公益图谱：从传统到现代. 北京：社会科学文献出版社：22-43.

杨守金. 2005. 发展慈善事业统筹三次分配. 理论探讨（增刊），（6）：48-50.

杨守金. 2006a. 慈善事业的发展呼唤慈善理念的培养. 新华文摘（论点摘编），（6）：157.

杨守金. 2006b. 发展慈善事业完善社会保障制度. 理论探讨，（4）：99-100.

杨守金，汪继福. 2006. 试论慈善理念的培育. 东北师大学报，（1）：43-47.

杨守金，于丽. 2012. 慈善公益捐助资金的筹集与科学运行. 学术交流，（7）：114-117.

杨团. 2015. 中国慈善发展报告（2015）. 北京：社会科学文献出版社：15-78.

杨团. 2016. 中国慈善发展报告（2016）. 北京：社会科学文献出版社：23-77.

杨团. 2017. 中国慈善发展报告（2017）. 北京：社会科学文献出版社：95-122.

杨团. 2018. 中国慈善发展报告（2018）. 北京：社会科学文献出版社：18-56.

杨团. 2019. 中国慈善发展报告（2019）. 北京：社会科学文献出版社：20-56.

英国慈善委员会. 2017. 英国慈善委员会指引. 林少伟，译. 北京：法律出版社：30-65.

俞乔. 2014. 中国市级政府财政透明度研究报告（2012-2013）. 北京：清华大学出版社：20-45.

郑功成. 2005. 郑功成教授演讲录：构建和谐社会. 北京：人民出版社：189-221.

郑功成. 2020. 中国慈善事业发展：成效、问题与制度完善. 中共中央党校（国家行政学院）学报，（6）：52-61.

仲鑫. 2014. 慈善公益组织运行模式研究. 北京：九州出版社：21-30.

周汉华. 2005-04-04. 如何完善独立监管制度. 经济观察报，（006）.

周星迪. 2018. 香港慈善筹款监察机制对中国的启示——基于香港审计署对监察慈善筹款活动的绩效审计案例. 财会研究，（10）：61-66.

资中筠. 2003. 散财之道：美国现代公益基金会述评. 上海：上海人民出版社：203-243.

资中筠. 2015. 财富的责任与资本主义演变：美国百年公益发展的启示. 上海：生活·读书·新知三联书店：29-78.

Afsar. 2020. Corporate social responsibility. Environ. Managing，（27）：1264-1278.

Anik L，Norton M I，Ariely D. 2014. Contingent match incentives increase donations. Journal of Marketing Research，51（6）：790-801.

Black J. 2002. Critical reflections on regulation. Australian Journal of Legal Philosophy，27：15-21.

Carnegie A. 2017. The Gospel of Wealth. New York：Carnegie Corporation.

Chang C. 2014. Guilt regulation：the relative effects of altruistic versus egoistic appeals for charity advertising. Journal of Advertising，43（3）：211-227.

Chow D Y L，Calvard T. 2021. Constrained morality in the professional work of corporate lawyers. Journal of Business Ethics，170（2）：213-228.

Drahos P. 2017. Regulatory Theory：Foundations and Applications. Canberra：ANU Press.

Duclos R，Barasch A. 2014. Prosocial behavior in intergroup relations：how donor self-construal and recipient group-membership shape generosity. Journal of Consumer Research，41（1）：93-108.

Eikenberry A，Kluver J D. 2004. The marketization of the nonprofit sector：civil society at risk?. Public Administration Review，64（2）：132-140.

Fisher R J，Ma Y. 2014. The price of being beautiful：negative effects of attractiveness on empathy for children in need. Journal of Consumer Research，41（2）：436-450.

Hopkins B R. 2008. The Law of Fundraising. New York：John Wiley & Sons：108-145.

Keating E K，Frumkin P. 2003. Reengineering nonprofit financial accountability：toward a more reliable foundation for regulation. Public Administration Review，63（1）：3-15.

Kemp E，Kennett-Hensel P A，Kees J. 2013. Pulling on the heartstrings：examining the effects of emotions and gender in persuasive appeals. Journal of Advertising，42（1）：69-79.

Kim C，Rhee J. 2018. A suggestion for improving state supervision of charities. HUFS Law Review，42：367-401.

Koop C，Lodge M. 2017. What is regulation? An interdisciplinary concept analysis. Regulation & Governance，11（1）：95-108.

Lee S，Winterich K P，Ross W T. 2014. I'm moral，but I won't help you：the distinct roles of empathy and justice in donations. Journal of Consumer Research，41（3）：678-696.

Monks J. 2003. Patterns of giving to one's Alma mater among young graduates from selective institutions. Economics of Education Review，22（2）：121-130.

Parsons L M. 2003. Is accounting information from nonprofit organizations useful to donors? A review of charitable giving and value-relevance . Journal of Accounting，22：104-129.

Savary J，Goldsmith K，Dhar R. 2015. Giving against the odds：when tempting alternatives increase willingness to donate. Journal of Marketing Research，52（1）：27-38.

Stasavage D. 2007. Polarization and publicity：rethinking the benefits of deliberative democracy. The Journal of Politics，69（1）：59-72.

Venable B T，Rose G M，Bush V D，et al. 2005. The role of brand personality in charitable giving：an assessment and validation. Journal of the Academy of Marketing Science，33（3）：295-312.

White K，Peloza J. 2009. Self-benefit versus other-benefit marketing appeals：their effectiveness in generating charitable support. Journal of Marketing，73（4）：109-124.

Zhou X Y，Feng C. 2012. Nostalgia：the gift that keeps on giving. Journal of consumer research，39（1）：39-50.

后　　记

本书来源于国家社会科学基金项目"捐赠财产使用与监管机制研究"（批准号：15BJY146，结题号：20212068）。

任何管理本质上都服务于监管对象，监管的目标是使监管与保障、帮扶相结合。由此建立的监管机制的最终目标是：活而不乱，严而不死。本研究课题试图构建捐赠财产使用与监管机制的理论和运作框架，尝试对影响慈善事业组织监管机制的内外因素进行分析。

本研究课题尚有需要研究的问题。

公益慈善事业捐赠财产的使用与监管机制研究，暂且告一段落。自课题批转下来后，到现在的结题阶段，其中的苦辣酸甜心中自有感知。虽然，课题研究告一段落，但是心里感到忐忑不安，总是觉得愧对国家社会科学基金委员会给笔者的荣誉和资金支持。浪费了人生大好年华，感到还有意犹未尽的研究工作。只能寄希望于今后继续在如下几个方面深入研究。

第一，课题研究还是有些空洞，距离实践应用还有差距，尤其是接触到民政部门的同志时，更是感觉这种差距不小。总是说理论联系实际，事实上，理论与实际总是有差距。比如说慈善组织登记、注册管理制度，怎样设计才能更好。

第二，在独立的捐赠资金监管机构设置问题的研究上，还是需要做深入的工作。到底是采取授权的方式成立，还是采取在政府内独立出来的方式？是采用事业编制还是行政编制？归属民政部门还是彻底独立于行政体系？

第三，如何处理、协调中国红十字会总会与中华慈善总会的关系。二者之间谁更应该成为全国慈善事业组织的行业协会首领，还是应相对独立、各自平行？

第四，党在慈善事业组织中不仅应该处于领导地位，而且应该成为慈善事业资金筹集的主体。政党在西方国家不可以成为慈善事业捐赠资金筹集的主体，我们的党组织事实上已经是慈善事业捐赠筹资的主体。我们的党是否坚持这个中国特色的慈善事业捐赠主体地位，这一问题，在中国学术界的过去和现在都没有深入交流和研究。